만요슈

고대 일본을 읽는 백과사전

e 시대의 절대사상

만요슈

고대 일본을 읽는 백과사전

| 구정호 |

살림

e 시대의 절대사상을 펴내며

고전을 읽고, 고전을 이해한다는 것은 비로소 교양인이 되었다는 뜻일 것입니다. 또한 수십 세기를 거쳐 형성되어 온 인류의 지적유산을 제대로 이해하고, 그 바탕 위에서 새로운 자기만의 일을 개척할 때, 그 사람은 그 방면의 전문가가 될 수 있을 것입니다. 프랑스의 대입제도 바칼로레아에서 고전을 중요하게 취급하는 까닭도 그와 같은 이유 때문이겠지요.

그러나 예전에도, 현재에도 고전은 유령처럼 우리 주위를 떠돌기만 했습니다. 막상 고전이라는 텍스트를 펼치면 방대한 분량과 난해한 용어들로 인해 그 내용을 향유하지 못하고 항상 마음의 부담만 갖게 됩니다. 게다가 지금 우리는 고전을 읽기에 더 악화된 시대를 살고 있습니다. 변하지 않고 있는 교육제도와 새 미디어의 홍수가 우리를 그렇게 만들고 있는 것입니다.

고전을 읽어야 하지만, 읽기 힘든 것이 현실이라면, 고전에 친근하게 다가갈 수 있는 새로운 방법을 응당 고민해야 하지 않을까요? 살림출판사의 *e* 시대의 절대사상은 이러한 문제의식을 가지고 기획되었습니다. 고전에 대한 지나친 경외심을 버리고, '아무도 읽지 않는 게 고전' 이라는 자조를 함께 버리면서 지금 이 시대에 맞는 현대적 감각의 고전을 만들고자 했습니다.

고전의 내용이 지나치게 주관적으로 해석되어 전달되는 위험을 피할 수 있도록 그 분야에 대해 가장 정통하면서도 오랜 연구 업적을 쌓은 학자들이 자신의 경험을 응축시켜 새로운 고전에의 길을 넓고자 했습니다. 마치 한 편의 잘 짜여진 다큐멘터리 프로그램을 보듯 고전이 탄생할 수 있었던 시대적 배경과 작가의 주변 환경, 그리고 고전에 담긴 지혜를 재미있게 습득할 수 있도록 내용을 구성했고 난해한 전문용어나 개념어들은 최대한 알기 쉽게 설명했습니다.

이전에 경험하지 못했던 새로운 감각의 고전 e 시대의 절대사상은 지적욕구로 가득 찬 대학생·대학원생들과 교사들, 학창시절 깊이 있고 폭넓은 교양을 착실하게 쌓고자 하는 청소년들, 그리고 이 시대의 리더를 꿈꾸는 모든 사람들에게 생생하게 살아 숨쉬는 인류 최고의 지혜를 전달할 것이라고 확신합니다.

기획위원

서강대학교 철학과교수 강영안

이화여자대학교 중문과교수 정재서

들어가는 글

    지금으로부터 십수 년 전에 『もう一つの万葉集(또 하나의 만요슈)』라는 책자가 일본에서 출판된 적이 있다. 이 책은 한국인 저자가 일본어로 출판한 책으로, 지적 호기심이 풍부한 사람들을 자극하여 일본에서 한때 상당한 판매부수를 기록하였다. 이 책의 내용을 한마디로 요약하자면, 한국어로 일본 최고(最古)의 와카집인 『만요슈』를 읽을 수 있다는 것. 지금까지 축적된 『만요슈』의 주석학(註釋學)적 성과를 하루 아침에 뒤엎는(?) 내용이었다. 지금까지 학자들의 끊임없는 노력에도 불구하고 『만요슈』에는 아직도 해독불가의 상태로 남아 있는 와카가 있는데, 이 책의 저자는 그것마저도 거침없이 풀어내고 있었다. 필자도 『만요슈』연구에 몸을 담그면서, 연구자의 입장에서 긴장감을 가지고 이 책을 접하였다. 『もう一つの万葉集』를 읽고 난 후, 필자는 이런 생각을 갖게 되었다. '이 책대로만 되면 얼마나 좋을까…'

사실 『만요슈』는 우리나라의 향찰(鄕札)과 같은 표기형식을 갖고 있다. 역사적인 배경이나 문화의 흐름으로 볼 때, 『만요슈』에 수록된 노래가 신라 향가의 영향을 받은 것은 분명하다. 필자도 분명히 그렇게 생각한다. 그러나 이를 학문적 입장에서 이야기할 때 주저하지 않을 수 없는 것이 현실이다.

일본의 『만요슈』에는 4,516수의 노래가 수록되어 있다. 일본의 역대 와카집 중에서 이 정도의 분량을 가진 것은 한 손으로 꼽힐 정도밖에 없다. 그만큼 고대 일본을 이해하는 자료로서 양적으로나 질적으로 충분하다. 이른바 '고대 일본을 읽을 수 있는 백과사전' 으로서의 역할을 충분히 해낼 수 있다.

한편 우리나라의 향가는 어떠한가. 『삼국유사』에 14수, 『균여전』에 11수, 여기에 도이장가(悼二將歌)를 더하면 고작 26수의 향가가 존재할 뿐이다. 한편은 4500여 수가 넘는 방대한 자료를 가지고 있는 반면, 우리는 너무나 빈약한 자료를 갖고 있다. 물론 향가 26수 안에서도 서로의 영향관계를 확인할 수 있는 결정적인 단서를 발견할 수 있다면 좋겠지만, 현재로서는 그렇지 못한 상태다. 심증은 가나 물증이 없다. 향가와 만요가(歌)를 비교 연구했던 수많은 선학(先學)들이 이렇다 할 연구결과를 내놓지 못하는 괴로움이 여기에 있다. 이러한 현실에서 과거의 역사적 상황만을 내세워 『만요슈』의 노래가 향가의 영향을 받았다고 결론내리는 것은 학문적 자세가 결여된 태도다.

향가와 만요가의 비교가 불가능하다면, 우리가 취할 수 있는 방법은 무엇일까? 『만요슈』에 대한 심도 있는 연구를 통해 얻어진 결과를 우리의 향가에 접목시켜 봄으로써, 향가의 실체에 접근해 보는 방법이 있을 수 있을 것이다.

이야기를 바꾸어 보자. 우리는 『만요슈』에 대하여 얼마나 알고 있을까? 『만요슈』 연구에 종사하는 사람을 제외하고 대부분의 사람들에게는 요원한 남의 나라의 이야기일 것이다. 『만엽집(万葉集)』이라는 이름으로 우리에게 더욱 친숙한 『만요슈』지만, 우리에게 있어 서양의 그리스 · 로마 신화만큼 친숙하지 못한 것이 사실이다. 어떻게 보면 이런 현실에 대한 책임은 우리 학자들에게 있다. 일반 독자들이 어렵다고 생각하는 고전과 친해질 수 있는 길을 열어야 할 사람은 진정 그 분야의 전문가인 학자이어야 한다. 친숙해지고자 하면서도 어느새 유령처럼 우리 곁을 떠도는 고전문학에 대하여 길잡이 노릇을 해야 하는 것이 전문학자의 몫이다.

고전 문학을 일반 독자들에게 이해시키기 위해서는 어떠한 자세로 집필에 임하여야 할까? 필자 개인적으로는 '쉽고,

재미있고, 그리고 깊게'라는 3원칙을 집필자세로 삼아야 한
다고 생각한다. 아무리 어려운 고전이라도 쉽게 설명되어야
하고, 물론 재미있어야 하며, 앞의 두 원칙을 지킬 때, 자칫
소홀하기 쉬운 학문적인 수준이나 사고의 폭을 깊게 할 수 있
는 책이 저술될 때, 비로소 독자들과 고전이 친해질 수 있을
것이다.

   이번 살림출판사의 *시대의 절대사상* 『만요슈』 간행에 있어
필자로서 지키고자 노력했던 원칙은 바로 앞서 말한 3원칙이
었다. 독자들이 쉽게 친해질 수 있도록 『만요슈』에 관하여 쉽
게 쓰고자 노력하였고, 그러면서도 재미있고, 학문적으로도
높은 수준의 책을 써보고자 노력하였다. 이 책을 통하여 『만
요슈』는 물론 모든 고전과 친해질 수 있는 계기가 되기를 기
원한다.

2005년 5월
저자 구정호

1부 시대·작가·사상

고대 일본을 읽는 백과사전

만요슈

3장 만대에 이어지는 노래

萬葉集

3부 관련서 및 연보

1부

시대 · 작가 · 사상

누군가가 필자에게 『만요슈』를 한마디로 정의해보라고 한다면, 나는 서슴없이 '고대 일본을 알 수 있는 백과사전 내지는 거대한 박물관'이라고 말할 것이다. 글자 그대로 『만요슈』에는 고대 일본의 생활습관이나 행동의식 등이 옛사람의 진솔한 표현을 통해 그대로 남아 있다. 고대 일본인의 자연관을 비롯하여 농사에서 어로생활의 모습에 이르기까지, 그리고 관인들의 일상생활에서 남녀간의 사랑에 이르기까지 모든 것을 『만요슈』에서 찾을 수 있다. 『만요슈』 안에는 없는 것이 없다고 해도 과장이 아닐 것이다.

1장

『만요슈』와의
만남

『만요슈』에 빠져든 내력

　일본어과를 졸업하고 일본문학 연구자가 되리라고 마음먹었을 때, 나는 서슴없이 고전문학을 선택하였다. 일본의 고전을 처음 접하게 된 것은 학부 4학년 과정에 있었던 고전문학수업이었는데, 10~11세기 경의 이야기나 수필을 토막으로나마 접하는 동안 고전이 좋아졌다. 처음으로 읽어보는 일본의 고전, 그것도 10세기의 옛 일본어로 된 원문을 읽으면서 얻을 수 있었던 짜릿한 충만감과 처음 만나는 대상에 대한 신비로움 등이 당시에 은밀히 누렸던 즐거움이었다. 고전을 좋아한 나머지, 나는 수업시간에 다루었던 고전 문장의 원문을 노트에 그대로 베끼고, 그 밑에 현대 일본어로 번역하는 재미에 빠지곤 하였다.

그러나 채워지지 않는 부분이 있었다. 수업시간을 통해 배운 일본의 고전이 주로 산문이었던 까닭에 운문에 관해서는 그 누구도 설명해 주는 사람이 없었다. 지금은 일본 고전의 각 분야마다 많은 연구자가 배출되어 상당한 연구 성과를 거두고 있지만, 필자가 학부에서 공부하던 1970년대 후반의 일본문학 연구는 다른 분야와는 비교가 안 될 정도로 학문적 성과가 뒤떨어지던 시기였다.

알고 싶은 것에 대한 궁금증과 채워지지 않는 학문적 갈증을 해소하기 위해 대학원에 진학했는데, 입학하여 첫 번째 수강하게 된 수업이 '일본중세운문연습'이었다. 『만요슈[万葉集]』는 아니었지만, 일본의 고전 시가(詩歌)를 처음으로 접하게 된 것이다. 그 당시 수업에서 다루었던 것은 12세기 말의 와카집[和歌集]인 『신고킨와카집[新古今和歌集]』이었는데, 지금도 그 수업을 잊을 수가 없다. 나중에 필자의 지도교수가 되어 주신, 당시 일본 유학에서 갓 돌아온 신진 교수의 수업에서 접하게 된 일본의 고전시가. 지금까지는 맛볼 수 없었던 신선한 학문적 충격이 나를 매료시켰다. 그 후 지금까지 나는 일본의 고전시가와 인연을 맺고 있다.

『만요슈』와 본격적으로 인연을 맺게 된 계기는 홋카이도[北海道]대학에서 미사키 히사시 교수와의 만남이었다. 홋카이도대학은 필자가 학위를 받은 곳이다. 국내의 석사과정에

현존하는 만요슈 사본 중에서
가장 오래된 가쓰라본.

서 일본중세운문을 연구한 후, 나는 유학을 마음먹고 홋카이
도대학의 문을 두드렸다. 당시 홋카이도대학은 필자에게 있
어 고전시가를 공부할 수 있는 최적의 조건이었다. 상대(上
代) 운문인 『만요슈』에 정통한 미사키 히사시 교수, 중세 운
문의 대가였던 고(故) 곤도 쥰이치[近藤潤一] 교수, 그리고 일
본에서 가장 오래된 장편소설 『겐지모노가타리[源氏物語]』의
대가인 고(故) 오아사 유지[大朝雄二] 교수 등 당대의 유명한
석학들 아래서 나는 마음껏 고전의 세계를 즐겼다. 사실 유학
당시 나는 석사과정에 이어 중세운문을 전공하고자 했었다.
그래서 곤도 교수에게 지도를 부탁했으나, 정년이 얼마 남지
않은 관계로 『만요슈』를 전공한 미사키 교수의 제자가 되었
다. 미사키 교수와의 만남을 통하여 본격적으로 『만요슈』에
대하여 공부하기 시작한 나는 시간이 갈수록 『만요슈』의 매
력에 빠져들기 시작했다.

『만요슈』는 현존하는 일본의 가집 중에서 가장 오래된 가집이다. 수록되어 있는 와카 중에서 가장 나중에 지어진 것이 서기 758년 정월 초하루에 지은 것이니까, 지금으로부터 1300여 년 전의 와카가 수록되어 있는 것이다. 『만요슈』에 수록되어 있는 와카는 4천5백16수. 물론 이전(異傳)까지 합하면 그 수는 더욱 늘어난다. 『만요슈』이후 편찬된 다른 가집에 수록된 와카기 보통 1천씩 수 정노임을 감안한다면, 까마득한 그 옛날에 4천5백 수 이상의 와카가 수록되어 있다는 사실만으로도 『만요슈』는 한번 도전해 볼 만한 산이었다.

그러나 본격적인 연구에 들어서니 어려움이 나를 기다리고 있었다. 『만요슈』는 처음부터 원문으로 읽을 수 없다는 점이었다. 『만요슈』를 전공하여 원문에 익숙해 있는 사람이라면 모를까, 아무리 일본 고문 해독 능력이 뛰어나도 『만요슈』의 원문을 처음부터 그대로 읽어 낼 수 있는 사람은 거의 없었다. 『만요슈』의 표기는, 예컨대 우리나라의 향찰(鄕札)과 같은 표기체계로 되어 있기 때문에 손쉽게 읽어서 내용을 파악하기 어렵다. 해석은 둘째치고라도 읽기조차 어렵다는 점. 고전 연구라는 것은 무엇보다도 먼저 원문을 접해야 하는 것이 첫 번째 단계이므로, 연구라는 차원에서 보면 『만요슈』는 다른 가집에 비해 접근하기 어려운 것이 사실이었다. 그런데 하나하나 방법론을 체득하면서, 이제까지 읽지도 못하고 해독하기도 어려웠던 『만요슈』가 어느 날 눈에 들어오기 시작하고 그 뜻을 이해하게 되었을 때, 그 기쁨은 이루 말할 수 없었다. 마치 고고학자가 새로운 유물을 발견하고 감추어진 비밀을 하나하나 벗겨나가듯 7, 8세기 일본의 고전을 해독해 나간다는 사실이 나를 지적 성취감으로 충만하게 만들었고, 나로 하여금 『만요슈』 연구에 혼신을 다하도록 만들었다. 정말로 재미있게 와카를 읽어나갔던 기억이 지금도 새롭다.

『만요슈』의 작가는 천황에서 농민에 이르기까지 다양하고, 또한 작자미상의 와카도 대단히 많다. 『만요슈』의 성립 시기는 입에서 입으로 전해지던 노래가 문자와의 만남을 통하여 정착되는 한편으로 개인적인 문예창작이 활발해지던 시기와 맞물려 있기 때문에, 『만요슈』에 수록되어 있는 노래들은 한편으로는 민요적 성격을 갖는 동시에 한편으로는 순수 문예적 성격을 띠고 있다. 뿐만 아니라 순수 문예적 성격을 띠고 있는 창작가의 경우도, 민요 차원에서 탈피하지 못한 노래들이 많다.

누군가가 필자에게 『만요슈』를 한마디로 정의해보라고 한다면, 나는 서슴없이 '고대 일본을 알 수 있는 백과사전 내지는 거대한 박물관'이라고 말할 것이다. 글자 그대로 『만요슈』에는 고대 일본의 생활습관이나 행동의식 등이 옛사람의 진솔한 표현을 통해 그대로 남아 있다. 고대 일본인의 자연관을 비롯하여 농사에서 어로생활의 모습에 이르기까지, 그리고 관인들의 일상생활에서 남녀간의 사랑에 이르기까지 모든 것을 『만요슈』에서 찾을 수 있다. 『만요슈』 안에는 없는 것이 없다고 해도 과장이 아닐 것이다. 고대 일본에 대하여 언제든지 우리에게 해답을 제공해 줄 수 있는 것이 『만요슈』의 매력이다. 이러한 점이 필자로 하여금 『만요슈』에 깊이 빠지도록 만들었고, 요즘노 매일처럼 『만요슈』를 즐기고 있다.

『만요슈』가 지금도 사랑받는 이유

　우리가 흔히 『만엽집(萬葉集)』이라고 부르는 『만요슈』. 그 의미는 '엽(葉)' 자의 해석에 따라 크게 두 가지로 설명할 수 있다. 하나는 '엽(葉)'에는 언어라는 의미가 있으므로, 수많은 언어로 된 가집이라는 뜻으로 해석하기도 하고, 또 하나는 '엽(葉)'이 대(代)라는 의미와 통하므로, 『만요슈』는 만대에까지 영원하라는 축원의 의미가 있다고 설명한다. 이처럼 『만요슈』에 만대에 이르기까지 영원하기를 기원한다는 의미가 포함되어 있어서인지 몰라도 역대의 가집 중에서 『만요슈』만큼 일본인의 사랑을 받는 가집은 없는 것 같다. 『만요슈』이외에도 일본에는 많은 가집이 전하지만 『만요슈』만큼 오랜 세월을 두고 일본 국민의 사랑을 받는 것도 없다. 편찬 후 천년의 세월을 지내오면서도 이렇게 사랑을 받는 것은 당시 모든 계층의 사람이 작자로서 등장하고, 또 그들의 감정이나 생활, 사상 등을 생생하게 표현하는 와카가 실려 있기 때문일 것이다. 그래서 『만요슈』는 아직도 일본인의 정서 속에 깊이 자리 잡고 있고, 그 인기는

울트라맨.

식을 줄을 모른다. 『만요슈』는 일본인의 정서 속에 숨어 있는 '울트라 맨'과 같은 존재다.

일본에서 지금도 사랑을 받고 있는 어린이 SF드라마의 주인공 울트라 맨. 일본인에게 있어서 울트라 맨은 할리우드 영화의 슈퍼맨이나 베트맨과 같은 존재. 평상시에는 어느 곳에 있는지 보이지 않지만, 누군가 위험에 처하게 되면 번개처럼 나타나서 악의 무리를 물리치듯이, 일본 문학의 침체기마다 나타나서 분위기를 전환시키는 것이 바로 『만요슈』다. 또 태평양전쟁 때 전장으로 내몰린 젊은이들이 품속에 품고 암송하던 것도 역시 『만요슈』였다. 아마도 『만요슈』는 일본인에게 있어 앞으로도 계속해서 사랑을 받을 것이다. 일본인에게 없어서는 안 될 영원한 엔솔로지인 것이다.

『만요슈』로 들어가기 전에

다음 장에서 소개될 『만요슈』의 이해를 돕기 위해 와카[和歌] 및 『만요슈』에 대한 기초적 사항을 소개하고자 한다.

『만요슈』는 와카집[和歌集]이다. 와카집이란 '와카를 모아 놓은 가집'이라는 의미다. 그렇다면 와카란 무엇일까? 와카를 한자로 표기하면, 화가(和歌)다. 뜻을 풀어보면, 화(和)는 일본이라는 의미이므로 와카란 '일본의 노래'라는 뜻이다. 일반적으로 노래라고 하면 곡조가 있는 것을 생각하게 되는데, 여기서는 곡조는 없고 운문이라는 정도의 의미를 갖는다. 따라서 앞으로 이야기를 진행해 가는 동안 와카라는 말과 함께 노래라는 말도 사용할 것이다. 이러한 일본의 노래는 그 형태에 따라 여러 가지로 나뉘는데, 『만요슈』에는 아래와 같은 다양한 형태의 노래가 수록되어 있다.

가체

　『만요슈』에는 장가(長歌), 단가(短歌), 세도카[旋頭歌], 붓소쿠세키가[佛足石歌], 렌가[連歌] 등 다양한 가체의 와카가 수록되어 있다. 본래 와카가 발생하기 이전의 운문 형태는 가요였다. 이러한 고대가요는 문사가 없던 시절에 입에서 입으로 전해지던 것으로 본래 집단적인 노동요나 제사에 사용되던 의례가가 그 시초였다. 와카는 본래 집단적으로 읊어지던 가요가 문자와 만나고, 또 집단적인 서정이 개인적인 서정으로 변화한 시기에 개인적인 서정을 표현하는 도구로 사용되었던 것이다.

　이런 맥락으로 볼 때, 『만요슈』의 와카 중에서 가장 원시적인 형태를 가진 것은 세도카다. 세도카는 5·7·7·5·7·7의 음수율을 갖는 6구로 되어 있다. 전반부의 5·7·7을 한쪽에서 읊으면 후반부의 5·7·7을 다른 한쪽에서 읊었던 집단창가(唱歌)의 형태를 보여 준다. 이러한 집단적인 창가의 형태가 개인적인 창작으로 넘어가면서 마지막 구의 7이 떨어져 5·7·5·7·7의 5구로 구성된 단가가 발생하였다. 이러한 단가가 집단으로 불릴 때, 마지막 1구가 와카의 마무리로 추가되어 5·7·5·7·7·7의 형태가 된 것이 붓소쿠세키가다.

『만요슈』에는 한 수가 수록되어 있다.

다음으로 장가에 대해서 알아보자. 장가는 말 그대로 긴 노래라는 뜻이다. 기본적인 와카의 음수율인 5·7의 형태가 3구 이상 이어져서 5·7·5·7·5·7로 계속되다가 마지막을 7로 마무리 짓는 형태다. 형태적으로 보면 단가의 연장으로 장가의 마지막 5구를 떼면 단가의 형태가 된다. 『만요슈』에는 후세의 다른 가집과 달리 장가가 많다. 후세의 가집에 수록되어 있는 장가의 수가 한두 수임을 감안하면, 장가는 『만요슈』의 특징 중 하나라고 해도 좋을 것이다. 내용 면에서는 서사적인 내용이 주를 이룬다.

『만요슈』의 장가 수록 형태를 살펴보면, 장가가 따로 독립하여 수록된 경우는 적고, 대부분은 장가의 뒤에 반가(反歌)라는 형식으로 단가가 첨부되어 있다. 이와 같은 형식을 취하는 것은 장가의 성격이 서사적이고 단가는 대부분 서정적이기 때문에, 서사적인 표현의 말미에 서정적인 영탄을 포함하는 단가를 추가하여 마무리 지음으로써 결과적으로 장가와 단가를 하나로 어우러지게 엮기 위해서다. 마지막으로 렌가[連歌]. 렌가란 중국의 연구(聯句)를 흉내낸 것으로, 말 그대로 이어지는 노래이다. 앞의 사람이 전반부의 5·7·5를 지으면 나중 사람이 7·7을 잇는 형식이다.

와카의 분류

『만요슈』 내에 수록되어 있는 와카는 그 성격에 따라 분류되어 있는데, 그 중에서 전형적인 분류 방식은 조카[雜歌]·소몬[相聞]·반카[挽歌]다. 이와 같은 분류는 『만요슈』 중에서 가장 먼저 편찬된 1권과 2권의 분류 방식으로 『만요슈』의 대표적인 분류 방식이 되었다.

먼저 소몬에 대해서 알아보자. 소몬은 한마디로 정리하자면 사랑의 노래[戀歌]라고 할 수 있다. 소몬이란 뜻은 한자가 의미하는 바처럼 서로 말을 주고받고 노래를 나눈다는 의미로, 서간문의 왕복 등의 의미를 나타내던 것이 『만요슈』 안에서는 사랑의 노래를 주고받는 의미로 사용되었다. 사랑의 노래로 분류되는 와카다.

다음으로 반카. 반카란 원래 관을 끌면서 부르던 노래라는 의미로 장례의 자리에서 불려지던 노래였다. 초기에는 장엄한 빈궁(殯宮)의 장례 등에 관하여 읊어졌지만 불교의 전래 등으로 인하여 제례의식이 변하면서 쇠퇴하였다. 『만요슈』 안에서는 주로 초기 만요에 등장한다.

마지막으로 조카에 대해서 알아보자. 조카라 하면 자칫 한자의 표기처럼 '잡가(雜歌)'로 생각하기 쉽지만, 『만요슈』 안에서는 여러 가지 노래라는 의미로, 왕의 행차와 같은 공적인 행사에서 국토를 찬양하는 의례가 여기에 속한다.

일본 문학사의 시대 구분

본격적으로 『만요슈』의 내용에 들어가기에 앞서 이해를 돕기 위해 일본 문학사에서 사용되는 시대명과 간단한 시대 개관을 덧붙이고자 한다.

가장 일반적으로 사용하는 시대 구분법은 다음과 같다.

상대(上代): 원시 구승문학의 세계에서 794년 헤이안(지금의 교토) 천도까지의 기간을 말한다. 고대전기(古代前期) 또는 상고(上古)라고도 한다. 『고지키[古事記]』 · 『니혼쇼키[日本書紀]』 · 『만요슈[万葉集]』 등이 편찬된 시기다.

중고(中古): 794년 헤이안 천도 이후 가마쿠라[鎌倉]에 막부가 개설된 1192년까지의 약 400년간을 말한다. 고대후기(古代後期)라고도 한다. 귀족과 후궁을 중심으로 하는 여류문학이 발달한 시기다. 문학의 장르로는 와카[和歌] 이외에 산문문학인 모노가타리[物語], 수필 그리고 여류일기 등이 유행하던 시기다. 『고킨와카슈[古今和歌集]』 · 『겐지모노가타리[源氏物語]』 등이 완성된 시기다.

중세(中世): 1192년 가마쿠라막부 성립 이후 1603년 지금의 도쿄[東京]인 에도[江戶]에 도쿠가와[德川] 씨가 막부를 개설하기까지의 약 400년간을 말한다. 이 시기는 혼란의 시기로 정치의 중심이 어디에 있었느냐에 따라서 가마쿠라시대, 남북조(南北朝)시대, 무로마치[室町]시대, 전국(戰國)시대로 나뉜다. 이 시기의 전기에는 시대상을 반영하는 군기모노가타리[軍記物語]가, 후기에는 새로운 무대예술인 노[能]와 교겐[狂言]이 등장한다.

근세(近世): 1603년 지금의 도쿄인 에도에 도쿠가와 막부가 창설된 후, 1868년 메이지[明治]유신까지의 260년간을 말한다. 이 시기는 18세기 전반을 경계로 문화의 중심이 교토에서 에도로 넘어가는 때다. 이 시기에 등장하는 문학 장르로 운문에서 하이카이[俳諧]를 들 수 있고 서민 작가에 의한 소설류가 성행하였다.

근대(近代): 1868년 메이지유신 이후 현재에 이르기까지의 기간을 말한다. 문학사적으로는 메이지시대 전기(1868~1885), 메이지시대 후기(1886~1912), 다이쇼[大正]시대(1912~1926), 쇼와시대 전기에서 태평양전쟁까지(1926~1945), 전후(戰後)에서 현대까지(1945~), 크게 다섯 시기로 나뉜다.

2장

『만요슈』의
편찬과 시대 배경

시대 배경

대륙과의 접촉

일본이 다른 나라와 문명 접촉을 가진 것은 기원전 3세기경이었다. 그 당시 다른 나라라고 해봐야 우리나라와 중국이었지만, 그러한 접촉이 있기 전까지 일본인은 일본열도에 고립된 상태였다.

기원전 3세기경 중국에서는 한(漢)나라가 일어났다. 중국의 선진문명이 한반도를 거쳐 일본에 전해지면서 일본도 고대 원시사회의 티를 벗기 시작했다. 고대 일본열도에 관한 사정을 쉽게 알 수 있는 방법은 중국 사서(史書)의 내용을 조사하는 것이다.

이들에 의하면 1세기경 일본열도에는 100여 개의 소국가

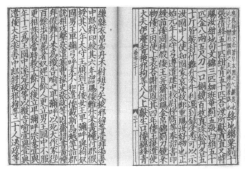

삼국지 위지 동이전
고대 일본열도의 상황을
전하고 있다.

가 형성되어 있었다고 한다. 일본이 고대국가의 면모를 갖추기 시작한 것은 4·5세기경이다. 이러한 과정에 깊이 관여한 것은 당시 선진문화를 갖고 있던 한반도와 중국에서 건너온 사람들이었다.

'도래인(渡來人)'이라고 불리는 이들은 다방면에 걸쳐 일본의 고대국가 성립에 이바지하였다. 그중에서도 특히 일본이 고대국가의 면모를 갖추어 나가는 데 중심적인 역할을 한 것은 백제였다. 아직기, 왕인 등을 통한 천자문과 논어의 전래, 그리고 오경박사의 파견 등은 일본에 커다란 영향을 미쳤다.

불교의 전래

일본의 고대국가 성립을 이야기 할 때 빼놓을 수 없는 중요한 사항은 바로 불교의 전래다. 6세기 중반 백제를 통하여 일본에 전래된 불교는 단순히 종교의 전래라는 차원을 떠나 정치적인 문제와 뒤엉키게 되었다. 당시 일본 사회는 왕(王)이 여러 호족들을 관장하고 호족들은 그 밑에 부민(部民)이라고 불리는 일반 백성들을 지배하며 각각 다른 분야의 일을 관장하는 구조였다.

이들 중 조정에 가장 영향력이 컸던 호족은 소가[蘇我] 씨와 모노노베[物部] 씨였다. 모노노베 씨는 군사와 경찰, 그리고 제사를 담당하는 부족이었고, 소가 씨는 조정의 재정을 담당하던 신흥 귀족이었다. 보수파와 혁신파의 두 호족이 대립하는 구조 속에 불교가 일본에 전해진 것이다. 소가 씨는 불교를 받아들이는 것을 찬성했다. 신흥종교를 받아들여 전통적으로 제사를 담당해 오던 모노노베 씨를 견제하려고 했던 것이다.

쇼토쿠태자 초상
일본 고대사에서 빼놓을 수 없는 인물이다.

당연히 제사를 담당하던 모노노베 씨는 불교의 수용을 반대하였다. 겉으로 보기에는 종교적 갈등처럼 보이지만, 그 내면에는 보이지 않는 세력 다툼이 있었던 것이다. 이 싸움에서 누가 이기느냐 하는 것은 왕실이 어느 쪽의 손을 들어주느냐에 달려 있었다. 이러한 상황 속에서 일본 왕실에서 빼놓을 수 없는 인물인 쇼토쿠[聖德]태자가 등장한다.

쇼토쿠태자의 등장

쇼토쿠는 이 두 호족 중에서 소가 씨의 손을 들어주었다. 쇼토쿠는 당시 소가 씨의 수상이었던 소가 우마코[蘇我馬子]와 손을 잡고 소가 씨와 대립하던 모노노베 씨를 멸하였다. 이후 쇼토쿠는 형식적인 왕을 내세우고 막후에서 섭정(攝政)을 실시하였다. 이로써 쇼토쿠와 우마코에 의한 고대 왕권국가의 경영이 시작되고 일본은 강력한 중앙집권 국가로서의 면모를 갖추어 나가게 되었다.

쇼토쿠는 관위(官位)를 제정하고, 헌법 17조를 공포하는 등 일본을 왕권 중심의 강력한 중앙집권 국가로 만들어 갔다. 또한 대외적으로는 정식으로 중국의 수나라와 국교를 맺었다. 그러나 쇼토쿠와 소가 우마코에 의한 개혁에는 좋은 면만 있었던 것은 아니었다. 불교 수용 후, 이를 장려하기 위해 행해진 대사원의 건축과 그에 따른 국고의 낭비는 경제를 파탄으로 몰고 갔다.

소가 우마코가 죽은 후, 머지않아 쇼토쿠도 세상을 떠나면서 일본은 정치적으로나 경제적으로 혼돈의 시기를 맞게 된다. 우마코가 죽은 626년 봄부터 가을에 걸쳐 장마가 계속되었고, 이어 대흉작과 대기근이 일어났다. 노인은 풀뿌리를 입에 물고 길바닥에 쓰러지고, 갓난아이는 엄마의 젖을 문 채 죽어 갔고, 강도와 절도가 횡행하였다. 이러한 어지러운 상황에도 불구하고 정권을 잡은 소가 씨는 자신들의 영지 확장을 위하여 왕이나 다른 호족들의 부민을 징발함으로써 반감을 샀고, 또한 계속되는 실정(失政)으로 이에 대항하는 반대 세력들이 등장하였다.

공차기에서 쿠데타로

소가 씨에 대한 반대 세력의 중심에는 후에 덴지[天智]왕이 되는 나카노 오에[中野大兄: 614~671]왕자와 후지와라 가마타리[藤原鎌足: 614~669]라는 인물이 있었다. 두 사람은 소가 씨에 반대하는 세력을 결집하여 소가 씨를 타도하기에 이른다.

이전부터 소가 씨의 실정에 불만을 품고 있던 가마타리는 소가 일족을 몰아내고 국정을 쇄신하고자 했다. 그러나 신하의 신분으로는 역부족이었다. 가마타리는 비밀리에 안티 소가 씨의 중심 역할을 해줄 만한 왕족을 찾았다. 가마타리가 처음에 지목했던 인물은 후에 고토쿠[孝德]왕이 되는 가루[輕]왕자였다.

가마타리는 왕자에게 접근해보기도 했으나 거사를 치르

기에 부족한 인물로 판단하고 멀리하였다. 그러던 중에 기회가 왔다. 어느 날 아스카[飛鳥]의 호코지[法興寺]에서 공차기모임[蹴鞠會]이 있었다. 옛날이나 지금이나 사람들은 공차는 것을 좋아했던 모양이다. 그때 공을 차던 나카노 오에의 신발이 벗겨졌는데, 제일 가까운 자리에 가마타리가 있었다. 가마타리는 신발을 주워 왕자에게 전했다. 이것이 계기가 되어 두 사람은 질친한 관계를 맺게 되었다.

서기 646년 5월 이들 세력은 드디어 쿠데타를 결행하였다. 당시 권력을 쥐고 있던 소가 이루카[蘇我入鹿]를 살해하고 소가 일족이 세웠던 고교쿠[皇極]왕을 퇴위시키고, 대신 고토쿠[孝德]왕을 세움으로써 두 사람은 전권을 장악하였다.

그리고 중국의 전제군주제를 모방하여 연호를 다이카[大化]로 정하고 그 해를 다이카 원년으로 하였다. 이른바 '다이

공차기모임.

소가 이루카 살해 상상도.

카개신[大化の改新] 이라고 부르는 쿠데타다. 연호를 정한다는 것은 군주의 권위를 나타내는 것. 연호를 공식적으로 정했다고 하는 것은 왕이 일본의 유일무이하며 최고의 권력자라는 것을 나타내고자 함이었다.

다이카개신 이후, 나카노 오에는 왕위에 올라 덴지왕이 되었다. 덴지는 왕위에 오르자마자 대대적인 개혁을 단행하였다. 우선 이전에 행해졌던 부민제(部民制)를 폐지하였다. 호족의 관리 아래 있었던 백성들은 부민제를 폐지함으로써 왕의 백성이 되고 모든 국토가 왕의 소유가 되는 이른바 '공지공민제(公地公民制)'를 시행하였다. 또한 전국의 행정구역과 세제를 정비하는 등 새로운 국가 건설을 위하여 노력했다.

다이카개신을 통하여 고대전제국가 체제를 확립한 덴지왕.

임신년의 난

다이카개신 이후, 일본의 상대사(上代史)는 물론, 상대문학을 이해하는 데에 빼놓을 수 없는 초대형 사건이 일어난다. 바로 671년 왕위계승이 원인이 되어 일어난 '임신년의 난[壬申の亂]'이다.

다이카개신의 주역이었던 덴지는 동생인 오아마[大海人]왕자에게 왕위를 물려주기로 약속했었다. 그러나 손은 안으로 굽는다고 했던가, 덴지에게 아들 오토모[大友]가 태어나자 덴지의 마음이 바뀌었다. 임종을 앞두고 조정에 오토모왕자에게 왕위를 물려주려는 움직임이 보이자, 오아마는 재빨리 몸을 숨기고는 동조 세력을 규합하였다.

이윽고 덴지가 죽자, 오아마는 반란을 일으켜 오토모를 쫓아내고 자신이 왕위에 올라 덴무[天武]왕에 즉위하였다. 임신년의 난 이후, 덴무는 그의 형 덴지에 이어 일본을 확고한 고대 왕권제 국가로 만들어 갔다.

덴무 이후 일본은 고대 한반도와 중국의 선진문화를 받아들여 새로운 국가로 변모하였다. 710년에는 그 동안의 도읍지였던 아스카[飛鳥]를 버리고 지금의 나라[奈良] 지역인 헤이죠쿄[平城京]로 도읍을 옮겼다. 중국의 장안성(長安城)을 그대로 모방하여 만든 헤이죠쿄 천도와 더불어 일본은 본격적으로 대륙의 문화를 섭취하였다.

중국의 뛰어난 선진문화를 받아들이기 위해 702년부터 777년까지 6번에 걸쳐 견당사(遣唐使)가 파견되었다. 유학생과 유학승, 그리고 선원들을 합쳐서 4, 5백 명 정도로 구성된 견당사는 이제까지 볼 수 없었던 선진 당(唐)문화를 받아들이는 데 중요한 역할을 하였다.

일본은 헤이죠쿄의 건립과 같은 외부적인 요소뿐만 아니라 국가의 통치 기구나 학제 등도 당나라의 것을 그대로 모방

장안이라고 불리던 서안의 모습.

하였다.

이러한 시대적 배경 속에서 고대 일본은 대내외적으로 고대국가의 확립과 왕권의 정통성 확보의 필요성을 느끼게 되었고, 이는 국가적인 수사(修史) 작업으로 이어졌다. 712년에는 국내적으로 임신년의 난으로 흉흉해진 민심을 수습하

당시의 견당사 일행을 수송했던 선박의 복원 모습.

고, 일왕이 인간의 자손이 아닌 신의 자손이라는 조작을 합리화하기 위해 『고지키[古事記]』가 편찬되었다. 이어서 720년에는 천황제의 정당성과 일본의 위상을 대외적으로 알리기 위해 중국의 정사(正史) 체제를 모방한 『니혼쇼키[日本書紀]』가 편찬되었다. 아울러 이와 비슷한 시기에 각 지방의 유래와 특산물, 전설 등을 정부의 편수방침에 따라 저술한 『후도키[風土記]』가 편찬되었다.

운문에서는 『만요슈』가 편찬되었다. 『만요슈』는 여러 단계의 편찬과정을 거쳐 왔기 때문에 편찬 시기를 한마디로 잘라 말할 수 없지만, 이 시기에 처음으로 편찬이 기획되었다. 『고지키』와 『니혼쇼키』의 편찬이 정치적 의도가 강했다고 한다면, 이와는 달리 『만요슈』는 문화적인 면에서 왕실을 중

고지키(좌)와 니혼쇼키(우).

심으로 각계각층의 의식을 하나로 묶어낼 수 있는 정신적 지
주의 필요성에 따라 편찬이 기획되었으리라고 본다.

『만요슈』의 편찬

그렇다면 『만요슈』는 언제 어떠한 과정을 거쳐서 편찬되었을까? 『고지키』나 『니혼쇼키』처럼 편찬에 관한 기록이 남아 있지 않기 때문에 그 성립시기를 정확히 알 수는 없다. 그러나 『만요슈』의 편찬이 기획된 시기는 『고지키』나 『니혼쇼키』 등 수사 작업이 행해졌던 때와 전혀 무관하지 않다.

『만요슈』의 성립을 설명하기는 그리 간단하지 않다. 『만요슈』는 총20권 4516수로 구성되어 있는 방대한 가집(歌集)이다. 『만요슈』 이후에 편찬된 가집이 보통 1천여 수의 와카를 수록하고 있는 것과 비교해 볼 때, 『만요슈』의 방대한 규모를 짐작할 수 있다. 『만요슈』는 한 번에 편찬된 것이 아니라 단계적인 편찬과정을 거친다.

오토모노 야카모치.

먼저 제1권과 제2권이, 그후 제3권에서 제15권까지 편찬된 후에 제16권이 추가되었으며, 마지막으로 제17권에서 제20권까지가 편찬되었다. 이렇게 총20권의 체재를 갖추기까지 무려 80년의 시간이 걸렸다. 『만요슈』는 이렇게 오랜 세월에 거쳐 편찬되었을 뿐 아니라, 그때그때의 편찬자가 누구인지 명확하지 않다. 따라서 『만요슈』의 편찬자를 이야기할 때는 보통 '최종 편찬자'라는 말을 사용하는데, 『만요슈』의 최종 편찬자는 오토모노 야카모치[大伴家持]라는 인물이다. 그렇다면 이제 야카모치를 최종 편찬자로 하는 총20권 『만요슈』의 편찬시기를 생각해보자.

『만요슈』에 수록되어 있는 와카 중에서 가장 나중에 지어진 것은 다음과 같은 와카다.

3년 정월 초하루 이나바 지방청에서 그 지역 관리들과의 연회를 베풀 때 지은 노래 한 수
새로운 해가 처음 시작되는 날 초춘인 오늘 내리는 이 눈처럼 좋은 일 쌓이거라

위 노래 한 수는 수령인 오토모노 스쿠네 야카모치의 작품이다.

(20권 4516)

이 노래는 야카모치가 서기 759년 정월 초하루에 지은 것이다. 당시 지방의 수령이었던 야카모치가 신년하례식을 주관하는 자리에서 지은 와카다. 기록에 의하면 야카모치는 718년 출생하여 785년 68세로 타계하였다. 그러니까 이 두 가지를 근거로 『만요슈』의 최종 편찬시기를 추측해 본다면, 적어도 759년 이후 785년 이전에 편찬되었을 것이다.

『만요슈』의 시대 구분

　　『만요슈』에서 가장 나중에 지어진 와카는 759년 정초 신년하례식상에서 지어진 것이라고 했다. 그렇다면 이와 반대로 가장 오래된 와카는 어떤 것일까? 『만요슈』에서 오래된 순서 '넘버 쓰리'를 차례대로 알아보자. 제일 오래된 노래는 '이와이히메[磐姫]' 왕비가 지었다고 하는 다음과 같은 와카다.

　　이와이히메 왕비가 왕을 그리며 지은 노래
　　당신 가시고 꽤나 시간 흘렀네 산길 물어서 마중을 나가 볼까
　　그냥 기다려 볼까

위 노래 한 수는 야마노우에노 오쿠라의 『루이쥬가린』에 실려

있다.   (2권 85)

　작자로 소개되고 있는 '이와이히메'는 426년 3월에 닌토

쿠[仁德]왕의 왕비가 된 인물로, 서기 459년 6월에 유명을 달

리하였다. 위의 노래에서 보이는 왕이란 닌토쿠를 가리킨다.

이 노래를 이와이히메가 직접 지었다고 한다면 459년 6월 이

전에 지어졌다.

　두 번째로 오래된 와카는 유라쿠[雄略]왕이 지었다고 하는

『만요슈』의 권두가. 유라쿠는 479년 세상을 떠난 인물이므로

이 와카가 유라쿠 자신의 작품이라면 479년 이전에 만들어진

작품이 된다.

　세 번째로 오래된 와카는
유라쿠의 권두가에 이어 수록
되어 있는 2번 와카. 작자는
죠메이[舒明]왕이라고 전해진
다. 죠메이는 34대 왕으로
629년에 즉위하였다.

　『만요슈』에서 가장 오래된
와카 3수를 놓고 보면 가장
오래된 와카와 두 번째로 오

니시혼간지본 만요슈의 권두가.

래된 와카 사이에는 그다지 큰 공백이 보이지 않는다. 그러나 세 번째 와카와 앞의 두 와카와의 사이에는 많은 시간적 공백이 있다. 유라쿠와 죠메이의 와카 사이에는 무려 13대 150여 년의 공백이 존재한다. 아울러 닌토쿠나 유라쿠가 등장하는 5세기는 일본사에 있어서도 불투명한 시대다. 따라서 『만요슈』에 등장하는 닌토쿠와 유라쿠의 작품은 실제로 왕들이 지은 것이 아니라, 왕의 이름을 빌린 후세 사람의 가탁(假託)으로 본다. 결국 『만요슈』에 등장하는 작자 중 실제 인물은 죠메이부터라고 보는 것이 타당하다.

따라서 『만요슈』에 수록되어 있는 와카가 지어진 시기는 죠메이에서 야카모치시대까지, 즉 『만요슈』에는 7세기 중반에서 8세기 후반에 이르는 130여 년 동안 만들어진 작품이 수록되어 있다고 보면 된다. 학계에서는 이 130여 년의 기간을 대개 4기로 분류한다. 이제 각 시기마다 역사적 배경을 살펴보면서 대표적인 가인들을 살펴보기로 하자.

제1기

『만요슈』의 제1기는 앞에서 소개했던 죠메이왕부터 임신년의 난까지의 기간이다. 죠메이가 629년 즉위하였고 임신년의 난이 672년에 일어났으므로 제1기는 약 40년간이 된다. 앞에서 이야기하였듯이 『만요슈』에는 죠메이의 와카가 전하기는 하지만, 실제로 임금 자신이 와카를 지었는지는 의심스럽다. 그뿐만 아니라 죠메이 이후 사이메이[齊明]왕까지의 4대 약 30년간은 전승가(傳承歌)의 시대로 본다. 따라서 1기라고 하더라도 확실한 작자가 등장하는 것은 사이메이왕 때부터다.

660년 당나라의 소정방이 이끄는 13만의 군사와 신라의 김유신이 이끄는 5만의 나당연합군은 7월 13일 백제의 사비성을 함락시켰다. 백제가 멸망한 것이다. 백제는 망한 후에도 저항을 계속하였다. 이러한 상황에서 일본은 백제를 돕기 위해 나섰다. 죠메이와 사이메이의 사이에서 난 아들로 나중에 덴지왕이 되는 나카노 오에왕자는 군선을 이끌고 백제 원군의 길에 나섰다.

661년 1월 16일 원군 일행은 지금의 오사카인 나니와[難波]를 떠나 하카타만[博多灣]으로 향하는 도중에 지금의 마쓰야마항에 해당하는 니키타쓰[熟田津]에 정박하였다. 이 때 같이 수행하였던 누카타노 오키미[額田王]가 백제로 떠나기 위해 배 띄울 물때를 기다리는 상황에서 지은 와카가 『만요슈』에 전한다.

　니키타에서 배 띄우고자 하여 달 기다리니 물때가 되었구나 이

　제 배 저어 가자
　　　　　　　　　　　　　　　　　　　　　　　　　　(1권 8)

그해 7월 사이메이는 지금의 규슈[九州]인 쓰쿠시에서 사망하였으나, 일본은 바다를 건너 백제를 도왔다. 2년 후인 663년 8월 백제와 일본 연합군은 금강 하구인 백강에서 전군이 괴멸될 정도로 패배하였고, 일본군은 백제의 망명자를 가득 싣고 돌아왔다. 전쟁에서 호되게 쓴맛을 본 나카노 오에는 일본으로 돌아와서 혹시 있을지도 모르는 나당연합군의 침공에 대비하였다.

그리고는 667년 지금까지 수도였던 아스카[飛鳥]를 떠나서 오미[近江]의 오쓰[大津]로 수도를 옮긴 나카노 오에는 다음 해인 668년 1월 왕의 자리에 올랐다. 그가 바로 38대 왕 덴지다. 그러나 도읍을 옮기면서까지 새로운 국가를 세워보고자 했던 덴지는 그의 꿈도 헛되게 왕에 오른 지 3년만인 671년 12월, 46세의 나이로 세상을 떠났다. 『만요슈』에는 그의 죽음을 애도하는 와카 군(群)이 수록되어 있다.

앞에서 간단히 설명하였던 임신년의 난에 대해 조금 더 자세히 알아보자. 덴지는 처음에 왕위를 동생인 오아마에게 물려주기로 약

당시 수도를 옮겼던 오미의 풍경
지금의 시가현이다.

속했으나, 아들이 태어나자 마음이 바뀌어 그의 아들 오토모에게 양위하기로 마음먹고 있었다.

671년 덴지는 병으로 쓰러졌다. 병석에서 덴지는 오아마를 불러서 자신의 뒤를 이어달라고 부탁하였다. 그러나 오아마는 병을 핑계로 그 부탁을 거절하였다. 그리고는 덴지의 부인인 야마토히메를 왕의 자리에 앉히고 아들인 오토모가 실실석으로 성지를 받아 하도록 일을 주진한 후에, 출가하기를 희망하였다.

오아마가 형인 덴지의 부탁을 극구 거절한 이유는 양위를 둘러싼 음모를 알아차렸기 때문이었다. 『니혼쇼키』에 기록된 바에 의하면 오아마에게 왕의 자리를 물려주고자 하는 데에 음모가 있음을 시사한 사람이 있었다고 전한다. 덴지는 출가를 허락하였다. 그러자 오아마는 즉시 머리를 깎고 스님이 되었다. 머리를 깎은 지 이틀 후에 오아마는 다시 덴지 앞에 나와서 불도수행을 위하여 요시노[吉野]로 떠나는 것을 허락하기를 청했다. 덴지가 이를 허락하자 오아마는 즉시 요시노로 도망해 숨어버렸다.

이윽고 덴지가 죽었다. 오아마는 그 동안 개인적으로 키워왔던 군사를 이끌고 쿠데타를 일으켰다. 이 사건이 '임신년의 난'이다. 결과는 오아마의 승리로 끝났다. 오아마는 그의 정적을 물리치고 왕위에 올랐다. 바로 40대 덴무[天武]다.

요시노산.

당시 사람들에게 있어서 임신년의 난은 참으로 놀랄 만한 사건이었고, 도저히 불가능할 것같던 전쟁을 승리로 이끈 덴무는 실로 신(神)에 필적할 만한 인물로 부각되었다.

『만요슈』에는 왕을 찬양하는 궁정의례가(宮廷儀禮歌)가 많은데, 궁정의례가에서 관용적으로 쓰이는 표현 중에 '우리 주군은 신의 몸이시기에[大君は神にしませば]' 라는 표현이 있다. 이것은 임신년의 난 이후에 나타나는 표현으로 덴무를 찬양하는 데에서 유래된 것이다.

이 시기에 지어진 작품은 대개 왕이나 왕자, 공주 등의 와카가 눈에 보이나 이들의 대부분은 대작(代作)이다. '대작'이란 말 뜻 그대로 와카를 대신 짓는 것으로 고대일본 운문의 특징이다.

이것은 종종 '와카의 공유(公有)' 라는 말로 표현되기도 하는데, 고대 일본인들은 때와 장소에 따라 거기에 어울리는 와카를 읊는 관습이 있었다. 그 경우, 상황에 어울리는 와카가 있다면 비록 다른 사람이 지은 노래라 할지라도 자신의 창작인 것처럼 구사하였고, 경우에 따라서는 타인의 작품을 수정하여 자신이 지은 것인 양 읊기도 하였다. 당시에는 표절이라는 의식 없이 남의 와카를 이용하곤 하였고, 어떤 경우에는 아예 다른 사람이 자신의 입장을 대신하여 와카를 지어주기도 하였다. 이런 일이 가능한 이유는 고대 일본인들은 와카의 공유라는 개념을 갖고 있었기 때문이다.

이러한 공유 개념의 현상은 와카의 고대성(古代性)을 말해 주는 것으로 시대를 거슬러 올라갈수록 두드러지게 나타난다. 따라서 대작도 『만요슈』 초기의 작품에 많다. 대작이 있다면 당연히 대작에 종사하는 사람이 있는 법. 이들은 국가적인 경조사가 있을 때, 왕이나 왕족들과 함께 그 자리에 참가하여 와카를 대신 지어주곤 하였다.

제1기의 대표적인 가인이며 동시에 대작 가인으로 누카타노 오키미[額田王]를 꼽지 않을 수 없다. 『만요슈』에 대작 가인으로서 이름을 밝히며 등장하는 인물로는 누카타노 오키미가 처음이다. 그녀의 출생이나 출신에 관해서는 자세하지 않다. 정사(正史)에 그녀가 등장하는 것은 『니혼쇼키』의 덴무조[條]에 '덴무가 가가미노 오키미[鏡王]의 딸인 누카타노 오키미를 아내로 맞이하여 도치[十市]공주를 낳았다'고 하는 단한 줄의 기록 뿐이다. 『만요슈』안에 수록되어 있는 그녀의 작품을 중심으로 살펴보면, 앞에서 잠시 언급했던 것처럼 661년 니키타쓰에서 지은 와카가 있다. 또한 도읍을 오미의 오쓰로 옮겼을 때, 덴지왕을 대신하여 오미 천도의 감회를 읊기도 하였다.

누카타노 오키미는 처음에는 후에 덴무왕이 되는 오아마 왕자와 결혼했는데, 나중에는 형님이며 왕인 덴지의 아내가 되었다. 형제간의 삼각관계인 셈. 668년 1월 왕위에 오른 덴지는 그 해 5월 5일 가마후[蒲生] 들녘으로 구스리가리[藥狩]를 나간다. '구스리가리'란 약재채집이라고나 할까? 왕을 비롯

만요슈 제1기의 대표적인 가인 누가타노 오키미.

하여 많은 신하들이 들녘에 나가 남자들은 사슴을 잡아 녹용을 채취하고 여자들은 약초를 채취하는, 이른바 몸보신을 위한 들놀이였다. 이 때 누카타노 오키미는 이미 형님의 아내가 되어 있었다. 이 자리에는 전남편인 오아마도 참석하였다. 두 사람이 마주친 자리에서 서로 와카를 주고받았는데, 다음과 같은 것이었다.

덴지왕이 가마후에서 사냥할 때, 누카타노 오키미가 지은 노래

꼭두서니 빛 지치꽃 핀 들녘의 금원에 서서 들 지키는 이 보는
데 당신 소매 흔드네 (1권 20)

이 와카에 화답하여,

오아마뎅자의 답가

지치꽃처럼 아름다운 그대가 싫지 않기에 남의 아내임에도 내
마음 이끌리나

『니혼쇼키』에는 (덴지)왕 7년 5월5일 가마후에서 사냥을 하였
다. 이때에 왕자, 여러 호족, 내신 및 군신들이 수행하였다고 기
록되어 있다. (1권 21)

그밖에도 누카타노 오키미는 덴지가 다이카개신의 공로
자인 후지와라 가마타리를 불러 연회를 베풀 때 읊은 와카나,
덴지 서거 후 왕이며 남편을 추모하는 와카(2권 151, 155)를
남기기도 하였다. 또한 가가미노 오키미[鏡王女]와 와카를 서
로 주고받는 등(488~489), 주옥같은 서정시를 남긴, 제1기의
대표적인 가인이라고 할 수 있다.

제2기

임신년의 난 시기부터 710년 3월 나라[奈良]로 도읍을 옮길 때까지의 약 40년간을 말한다. 임신년의 난을 승리로 이끌고 왕의 자리에 오른 덴무는 무소불위의 권력을 휘둘렀다. 그는 재임기간 동안 정부의 수뇌부를 모두 왕족에게 맡기는 왕족 정치를 통하여 더욱 강력한 율령제 국가를 만들고자 하였다. 또 하나 왕권을 강화하기 위한 확실한 방법으로 채택한 것이 친족끼리의 근친혼이었다. 다이카개신 이전에는 어머니가 다른 형제의 자손이나 다른 어머니에게서 난 여동생을 왕비로 삼았으나, 다이카개신 이후에는 같은 어머니의 형제 중에서 왕비를 정하였다. 조카가 왕비가 되는 셈이었다. 덴무도 그의 형 덴지의 자녀 중에서 임신년의 난을 전후하여 고락을 함께 한 우노공주를 부인으로 삼았다. 우노공주는 나중에 지토[持統]왕이 된다.

즉위한 지 14년째 되는 688년 9월 덴무는 병석에 누웠다. 결혼 후 30년이라는 세월 동안 생사고락을 같이해 온 우노공주는 누구보다도 왕의 병환을 슬퍼하였다. 덴무는 다음 해인 689년 9월 9일 유명을 달리했다. 덴무가 죽자, 그 동안 잠잠했던 왕위계승을 둘러싼 암투가 시작되었다. 나중에 지토왕이 되는 우노는 자신이 낳은 구사카베[草壁]왕자에게 왕위를 물려주려 했는데, 그게 그렇게 쉽게 이루어지는 것은 아니었다. 구사카베의 강력한 라이벌 오쓰[大津]왕자가 있었다. 구사카베와 오쓰의 관계는 배다른 형제. 구사카베보다 오쓰왕자 쪽이 더 총명하였다고 한다.

『니혼쇼키』의 기록을 좇아 당시의 상황을 살펴보면 덴무가 죽은 지 3일째 되는 9월 11일부터 덴무의 장례의식이 시작되었고, 24일 궁정의 남쪽 뜰에 빈궁(殯宮)을 설치하였을 때들 스음하여 오쓰[大津]왕자가 모반을 일으키고자 마음먹었다고 전한다. 그러나 열흘도 못 된 10월 2일 오쓰왕자의 음모가 발각되고 모반에 가담했던 30여 명이 함께 체포되었다. 오쓰왕자는 체포된 다음날로 처형을 당한다. 불과 24세의 나이로 생을 마감한 것이다. 처형 후 20여 일이 지난 29일에 담화가 발표되었다. 담화의 내용은 대략 다음과 같다.

> 오쓰왕자가 모반을 일으켰다. 왕자에게 속아서 모반에 참가한 사람들은 어쩔 수 없이 참석한 것으로 밝혀졌다. 왕자는 이미 처형했고, 이를 따르던 사람은 모두 용서하기로 한다. 하지만, 한 사람 도키노 미치쓰쿠리만은 이즈[伊豆]에 유배하기로 한다.

이런 담화를 듣고 의아해하지 않을 사람이 있을까? 국가적 반란사태를 처리하는데, 체포한 지 하루 만에 주모자를 처형하고, 다른 사람들에게는 아량을 베풀어 모두 용서해주는 상황. 아무리 옛날이라고 하지만 이것은 조금 이상하지 않은가. 이 사건의 배경에는 왕위계승을 두고 벌어지던 처절한 암투 속에서 덴무의 부인 우노의 계략이 숨어 있었을 것으로 추측한다. 남편인 덴무가 죽은 후, 우노는 두 사람 사이에서 태어난 구사카베가 왕이 되는 것을 낙으로 삼고 있었다. 그런데 오쓰왕자가 나타났으니 우노의 입장에서 오쓰는 블랙리스트 1호였을 것이다. 오쓰왕자는 시대의 희생물이 되었던 것이다.

『만요슈』 안에는 오쓰왕자가 체포되기 전, 누이인 오쿠[大伯]공주와 나누었던 비가(悲歌)를 수록하고 있고, 오쓰왕자는 이 세상을 하직하면서 이와레 연못가에서 눈물을 흘리면서 다음과 같은 와카를 남긴다.

> 모모즈타후 이와레 연못에서 우는 오리를 오늘 마지막 보고 구름 저편 가야 하나
> (3권 416)

그러나 세상일이란 그렇게 마음먹은 대로 되는 것이 아닌가 보다. 왕의 자리를 물려주기 위해 피눈물 나는 노력을 쏟은 어머니의 기대에도 불구하고 평소 병약했던 구사카베[草壁]는 28세의 나이로 이 세상을 하직했다. 그러나 누가 이 여인을 말릴 수 있으리. 아들이 세상을 뜬 후에도 우노는 자신의 의지를 꺾지 않았다. 아들이 안 되면 손자에게라도 왕위를

물려주고자 했던 것이다.

그러나 당시 구사카베가 낳은 친손자 가루[輕]왕자의 나이는 고작 8살. 이래서는 도저히 왕위를 물려줄 수 없는 상태였다. 그래도 이 여인은 여기서 그치지 않았다. 우노는 손자 가루가 어서 빨리 어른이 되기만을 바라면서 690년 1월 스스로 왕위에 오른 것이다. 바로 41대 지토[持統]왕이다. 사실 지토는 준비된 왕이었다. 서당개 3년이면 풍월을 읊는다고 했지만 지토는 그 정도가 아니었다. 덴무와 함께 30년을 지낸 지토는 조정의 일에 대해서는 이미 전문가였다. 더군다나 덴무는 죽기 2개월 전 이미 조정의 일을 대소사를 불문하고 왕비와 왕자에게 아뢰라고 명을 내렸기 때문에 사실상 덴무가 죽기 전부터 지토는 실권을 잡고 있었던 것이다.

덴무가 죽은 후 지토가 제일 먼저 착수한 것은 덴무의 빈궁(殯宮)행사였다. 빈궁이란 죽은 자를 매장하기 전 일정기간 동안 유체를 안치해 놓는 장소를 말하는 것. 원래는 죽은 사람의 부활을 바라면서 행해지던 의례가 집행되던 곳이었다. 빈궁행사는 다이카개신 이후부터는 이미 죽은 자의 부활을 믿지 않게 되었으므로, 신하들의 빈궁 운영은 금지되었던 시대였지만, 오히려 왕가(家)에서는 왕가의 권위를 높이고자 이를 정치적으로 이용했던 것이다. 덴무의 빈궁행사는 무려 2년 동안 계속되었다. 이미 다 썩어서 백골만 남은 덴무의 유해 앞에 만조백관으로 하여금 무릎을 꿇게 하고 충성을 맹세하게 함으로써 지토는 덴무의 뜻을 그대로 이어받은 왕으로서의 입지를 공고히 했던 것이다. 빈궁행사와 더불어 지토는 안정된 정권유지를 위해 다이카개신의 주역이었던 가마타리의 차남 후지와라 후히토[藤原不比等]와 손을 잡고 국가를 경영하였다.

697년 지토는 소원했던 대로 왕위를 그의 손자 가루에게 물려주었다. 지금까지 역대 왕 중에서 생전에 양위가 이루어진 예는 없었다. 3월에 왕자가 된 가루는 8월에 왕위에 올랐다. 그가 바로 몬무(文武)로 불과 14살의 나이였다. 그러나 양위에는 속셈이 있었던 것. 그냥 물러날 지토가 아니었다.

지토는 손자에게 왕위를 물려주고 상왕(上王)의 자리에 앉아서 수렴청정을 하였다. 왕을 뒤에서 조정하면서 국가의 중심에서 확실한 영향력을 발휘하였던 것이다. 701년 지토는 그녀의 마지막 업적이라고 할 수 있는 다이호료[大寶令]을 발표함으로써 율령제에 입각한 '천황제'를 확립하였다. 마침내 그녀가 바라던 바를 이루었던 것이다. 그러나 자신의 후손에게 왕위를 물려주기 위해 그렇게도 험난한 인생역경을 넘었던 지토도 영원히 살 수는 없는 법. 702년 12월 그녀는 생을 마감하였다.

지토는 죽기 전 언제인지 알 수는 없지만 궁전에 앉아 바라다 보이는 가구야마[香具山]를 보면서 다음과 같은 와카를 지었다. 『만요슈』의 와카 중 수작(秀作)으로 꼽히는 와카다.

봄이 지나고 여름이 온 듯하다 새하얀 빛의 빨래 말리고 있는
아메노 가구야마   (1권 28)

여름이 되어 눈이 부시게 푸르른 신록이 지토의 눈앞에 펼쳐진다. 예부터 신성시되었던 가구야마에 아마도 제사를 위해 신녀(神女)들이 모여 있는지 그들의 새하얀 옷이 신록과 어우러져 어지러울 정도. 지토는 이 순간을 잡아채어 노래로 승화시켰다.

이렇게 천신만고 끝에 지토의 손자인 가루가 몬무왕의 자리에 올랐지만, 몬무마저도 707년 25살의 나이로 세상을 떠나고 말았다. 이 때 뒤를 이을 오비토[首]왕자의 나이 불과 7살. 이 무슨 운명의 장난인가 천황가(家)는 몬무왕 때와 똑같은 역사를 다시 한번 되풀이하는 결과를 가져오게 되었다.

이러한 시기에 활동했던 가인 이야기로 들어가 보자. 이 시기

지토왕.

의 대표적인 가인으로 앞에서 이야기했던 오쓰왕자와 오쿠 공주, 지토 이외에 여러 왕족들을 들 수 있지만, 『만요슈』 제 2기의 가인 중에서 빼놓을 수 없는 사람이 바로 가키노모토 노 히토마로[柿本人麻呂]다.

히토마로는 궁정가인이었다. 궁정가인이란 말 그대로 궁 정 소속의 가인으로, 왕의 국토순례에 동행하여 국토를 찬미 하는 와카를 짓기도 하고, 왕이나 왕족의 장례에서 고인을 기 리는 의례(儀禮)의 와카를 짓는 사람을 말한다. 히토마로는 와카사[和歌史]에서 가성(歌聖)이라고 불리는 존재다.

히토마로에 대해서 알 수 있는 직접적인 자료는 『만요슈』 밖에 없다. 『만요슈』에는 『히토마로가집』을 출전으로 하는 와카를 수록하고 있는데, 이중 제10권 2033번 와카의 좌주(左注)에 '이 와카 한 수는 경진년에 지은 것이다(此歌一首庚辰年 作之)'라는 기록이 보인다. 즉 2033번 와카가 경진년에 지어 진 것이라고 하는 제작년도가 기록되어 있는 것인데, 경진년 은 덴무 9년(680)이다. 그러나 680년 어느 날 히토마로가 혜성 같이 나타나서 와카를 짓기 시작한 것은 아닐 테니까, 히토마 로의 활동은 이미 그 이전부터 시작되었다고 보아야 할 것이 다. 히토마로가 덴무 초기에 활동했을 것으로 가정한다면, 히 토마로는 대개 650년을 전후해서 태어났을 것이고, 10대의 감수성이 예민한 시절에 임신년의 난을 경험하였고, 덴무 9

년경에는 30세 전후였으며 지토왕 때에는 30대 후반이었을 것이다.

히토마로의 작품 중에서 작가연대가 분명한 것으로는 689년(지토 3년)에 구사카베왕자의 죽음을 애도하며 지은 반카[挽歌]가 가장 이른 작품이고, 가장 늦은 것은 700년(몬무 4년) 아스카공주의 죽음을 기린 반카다. 대부분은 지토왕 때 지은 것이고 한두 편이 몬무왕 대의 작품이다. 그러나 비록 몬무 재위 시라고 할지라도 지토가 상왕(上王)으로서 정치의 일선에 있던 시기이므로, 히토마로는 지토와 함께 시작해서 지토와 함께 사라진 가인이었다고 할 수 있다. 히토마로가 정확히 언제 죽었는지 알 수는 없지만, 만년에 이와미[石見]에서 세상을 떠나면서 다음과 같은 와카를 남기고 있다.

히토마로가 이와미 지방에서 죽음을 맞이하여 스스로 목숨을 끊으며 지은 와카 한 수
가모야마의 바위 베게 삼아서 누운 나일세 내 사정 모를 당신 기다리고 있으리   (2권 223)

와카 첫머리에 오는 제사(題詞)에 '히토마로의 작품'이라고 명시되어 있는 와카를 살펴보면, 장가가 18수, 단가가 66수로 단가가 월등히 많지만, 대부분의 단가는 장가에 딸려 있는

가성이라고 불렸던 히토마로.

반가(反歌)이기 때문에 이를 감안하면 히토마로는 장가 중심의 작가라고 말할 수 있다. 히토마로가 장가 중심의 작가임을 대변해주는 상징적인 작품이 있는데, 소위 이와미소몬가[石見相聞歌]라고 부르는 장가다.

이와미소몬가는 지금의 시마네현[島根縣] 서반부에 해당하는 이와미 지방에서 상경하면서 그 곳에 남아 있는 사랑하는 사람과의 이별을 아쉬워하며 지은 노래다. 『만요슈』안에서 공(公)적인 와카가 아닌 사(私)적인 연애에 관한 와카를 장가로 표현한 것은 이 와카 한 수로 히토마로 와카의 특성을 상징적으로 이야기한다고 할 수 있을 것이다.

그의 작품은 공적인 자리에서 지은 작품과 사적인 작품으로 나누어 생각해볼 수 있다. 공적으로는 앞에서 이야기했던 구사카베왕자의 반카뿐만 아니라, 지토왕의 요시노[吉野]행궁 행차나 가루왕자의 아키노[安騎野] 사냥에 수행하여 와카를 짓기도 하고, 덴무왕의 왕자나 공주를 기리는 반카를 짓기도 하였다. 사적으로는 여행 중에 지은 기려가(羈旅歌), 임신년의 난을 경험한 생생한 기억 아래 이미 폐허가 된 오미[近江]의 옛날을 기리며 지은 오미황도가[近江荒都歌], 그리고 이와미에서 지은 사랑의 노래 등 히토마로는 명실공히 가성으로서 아름다운 작품을 많이남겼다.

히토마로는 서기 700년을 경계로 하여 궁정에서 사라진다. 이후 약 20년 정도 궁정가인의 공백기가 계속되다가 다케치노 구로히토[高市黑人]가 히토마로의 대를 이어 궁정가인으로 활약하게 된다. 구로히토는 『만요슈』에 단가만을 남기고 있고 수록되어 있는 와카 18수 전부가 기려가라고 하는 특징을 지니고 있다.

제3기

710년 3월 도읍을 나라[奈良]로 옮긴 이후 733년까지의 23년간을 말한다. 707년 몬무는 7살 된 아들 오비토왕자를 남겨놓고 25살의 나이로 세상을 떠났다. 역사는 반복되는 것인지, 천황가는 다시 한번 20여 년 전 할머니 지토가 경험했던 똑같은 상황을 연출하고 있었다. 이번에는 몬무의 어머니가 왕자가 클 때까지 왕위를 지켰다. 바로 겐메이[元明]왕이다. 그러나 옛날 지토가 정권을 잡았을 때만큼 정세가 안정되지는 못하였다. 왕위계승을 둘러싸고 보이지 않는 암투가 계속되는 불안한 나날. 『만요슈』에 당시의 긴박한 상황을 짐작케 하는 와카가 있어 소개한다.

천황어제가(天皇御製歌)

궁궐 용사들 활 쏘는 소리 나네 용맹한 장수 방패 들어 진(陣)짜

는 연습시키는 듯하다   (1권 76)

미나베공주가 답하여 바친 와카

임금이시여 걱정하지 마소서 조상신께서 당신 섬기게 하신 제

가 옆에 있으니   (1권 77)

　궁중 안에서 들려오는 활 쏘는 소리와 진용을 짜며 훈련하
는 소리에 불안을 느끼는 겐메이와 이를 위로하며 안심시키
는 언니 미나베. 위의 노래를 통해 당시의 정세를 어느 정도
엿볼 수 있지 않을까? 이러한 불안한 정세를 타개하기 위해
겐메이는 708년 천도에 관한 칙령을 내리고 710년 수도를 지
금의 나라[奈良]로 옮겼다. 중국 당나라의 장안성(長安城)을
모방하여 만든 헤이죠쿄[平城京]로 천도하였던 것이다. 그러
나 한 나라의 수도를 옮기는 일이 그리 쉬운가. 천도를 위한
준비기간이 너무 짧았기에 아직 공사가 끝나지 않은 성으로
이사를 가게 되었다.

　헤이죠쿄가 완성된 것은 천도 후 5년이 지난 715년의 일이
었다. 지금까지 아무것도 없던 곳에 도시를 세우고 그리로 옮
겨간다는 것은 말처럼 쉬운 일은 아니다. 새로운 도시를 만드

는 데는 많은 노동력이 필요하다. 결국 백성들의 노동력을 동원할 수밖에 없는 일. 옛날 어느 국가나 그랬듯이 세금이라는 형태로 노동력을 착취하게 되었다. 지나칠 정도의 가혹한 착취 속에서 힘없는 백성들이 생각할 수 있는 것은 야반도주였다. 백성들은 자신들의 고향을 버리고 떠돌아다니는 부랑민의 신세가 되었고, 그나마 참고 견디었던 백성들도 임무를 완수하고 고향으로 돌아가다 식량이 떨어져 객사하는 사태가 벌어지는 등 당시의 사회상황은 참으로 혼란한 시기였다.

나라로 도읍을 옮긴 지 4년 후인 714년, 오비토왕자는 마침내 태자로 책봉되었다. 그러나 등극의 길은 아직도 길고 험난했다. 겐메이에 이어 또 한 명의 여왕인 겐쇼[元正]의 통치 기간을 거친 후, 724년 2월에 이르러서야 오비토는 마침내 왕의 자리에 앉게 되었다. 그가 바로 쇼무[聖武]다.

이렇게 국가의 정세나 사회 상황이 어지러웠지만, 그러한 가운데에서도 대외적인 교류는 활발했다. 대륙과의 교류는 일본이 지금까지와는 다른 새로운 시대를 열어가는 데에 획기적인 역할을 하였다. 장안성을 모방한 신도읍의 건설이라는 외적인 면뿐만 아니라, 국가기관이나 학제의 정비 등 모든 면에서 당나라의 제도를 모방하였다.

관리등용시험에도 중국적인 교양이 요구되었고, 당시 엘리트들은 한시를 짓고 문장을 짓는 등 한문학은 지식인의 필

수 교양이 되었다. 일본이 이른바 '당풍 전성시대'를 맞는 시기였다. 『고지키[古事記 : 712]』『니혼쇼키[日本書紀 : 720]』 그리고 『후도키[風土記]』도 바로 이 시기에 편찬되었다.

『만요슈』와 연관지어 주목할 만한 사항은 왕의 요시노[吉野] 행차가 부활된 것이었다. 요시노는 나라현 요시노군(郡)을 말하는데, 당시의 요시노는 지금과 달리 요시노 강 북쪽 유역을 중심으로 하는 지역이었다. 이곳에는 왕가의 별궁이 있어서 예로부터 왕의 행차가 잦았던 곳이다. 지토의 경우는 재위기간 11년 동안 무려 31번이나 요시노로 행차하였다. 그랬던 것이 702년 지토가 죽은 후 중지되었다가 723년 겐쇼왕 때에 20여 년만에 다시금 부활된 후, 쇼무왕 때에 이르러서는 거의 정례화 되었다. 이처럼 왕의 요시노 행차가 부활되었다는 것은 궁정찬가가 다시 살아났다는 것을 의미한다.

제3기에는 제2기의 대표적 궁정가인 히토마로의 뒤를 잇는 가인으로 야마베노 아카히토[山部赤人]라는 가인이 등장한다. 아카히토는 흔히 서경적(敍景的) 가인이라고 불린다. 전대(前代) 히토마로의 찬가가 자연을 찬양하기보다는 궁중의 관리와 만물이 왕에 대해 복종하고 충성함을 찬양하는 데에 중점을 두고 있다고 한다면, 아카히토의 경우는 왕이 다스리는 이 세계의 자연 그 자체를 찬미하는 데에 중심을 두고 있다.

그러나 뭐니뭐니해도 제3기의 가인으로 다음의 두 사람을

빼놓을 수 없다. 바로 오토모 다비토[大伴旅人]와 야마노우에
노 오쿠라[山上憶良]다.

　먼저 오쿠라에 대하여 살펴보자. 『만요슈』에 수록되어 있
는 그의 작품 중에는, '병이 깊어짐을 스스로 슬퍼하며 적은
글[沈痾自哀文]'이 있다. 이 작품은 733년에 쓴 작품인데, 그
작품 속에 각자의 나이가 74살이라는 기록이 보인다. 이 기
록을 토대로 거슬러 올라가면 오쿠라는 660년경에 태어났을
것으로 추측하며, 그의 이름에 쓰인 한자를 근거로 백제 출신
이라고 보는 견해가 꽤나 설득력이 있다. 그렇다면 오쿠라는
앞의 제2기에서 설명하였듯이 663년 8월 금강 유역인 백촌
강에서 백제와 일본의 연합군이 패전하고 백제가 망했을 때,
배를 타고 망명한 자의 후손으로 일본에 도착한 것은 불과 3
살 때가 된다.

　오쿠라는 관리보다 학자라고 부르는 것이 타당할 것 같다.
학문적인 재능을 타고났지만, 대학이나 국학에서 공부할 수
있는 집안은 아니었다. 그렇다면 그가 어디서 그러한 학문적
소양을 닦을 수 있었을까를 생각할 때, 당시 백제에서 망명한
한반도 출신의 후예였으리라는 주장이 매력적으로 느껴진다.

　그는 참으로 관운이 없는 사람이었다. 그가 처음 관리로
등용되는 것은 701년. 이 때 나이 42살. 중년의 오쿠라는 견
당사의 서기[遣唐使少錄] 자격으로 중국 유학을 경험한다. 이

때의 중국 경험이 오쿠라의 학문이나 작품 세계에 커다란 영향을 끼쳤으리라. 이후 716년 호키[伯耆] 지방의 수령으로, 그리고 721년에는 당시 동궁이었던 쇼무의 시강[侍講]이었다. 시강이란 다른 말로 하면 동궁의 가정교사. 당시의 시강은 대개 전임이었다고 하는데, 오쿠라는 이런 혜택도 받지 못하고 임시직, 지금으로 말하자면 시간강사의 자격이었다고 한다. 동궁의 가정교사로 5년 정도 지낸 후, 726년경부터 732년까지의 기간 동안 지금의 규슈인 치쿠젠[筑前]의 수령으로 근무하게 된다. 오쿠라가 도착하고 몇 년 후인 730년 12월 다비토가 규슈에 착임하였다. 오쿠라 68세, 다비토 63세. 두 사람의 만남은 이렇게 시작되었다.

오쿠라의 작품에는 중국의 시문이나 유교·불교·노장의 문헌에서 유래하는 어구가 많고, 또한 당시 중국 장안의 지식인들 사이에 은밀히 읽혀지고 있던 당대의 신선적(神仙的) 성애 소설 『유선굴(遊仙窟)』의 영향도 남아 있다. 그의 작품은 『만요슈』의 다른 가인들과 많은 차이를 보인다. 지방관리로서 지방 농민의 생활실태를 바탕으로 '빈궁문답가(貧窮問答歌)'를 짓기도 하고 어부의 탄식을 읊기도 하지만, 뭐니뭐니 해도 오쿠라의 작품에서 두드러지게 나타나는 특성은 어린 아이의 등장이다.

한편 오토모 다비토는 어떤 인물일까?

다비토의 씨족 오토모는 대대로 전통적인 군인 집안이었다. 다비토는 오토모 집안의 동량(棟梁)으로 별 문제없이 승승장구 출세의 가도를 달리고 있었다. 그러나 오토모 집안에 먹구름이 끼는 사건이 벌어진다. 바로 '나가야노 오키미의 변[長屋王の變]'이라고 불리는 사건이다. 『만요슈』 제2기에 있었던 임신년의 난이 왕위계승을 둘러싼 왕족간의 암투였다면, 이 사건은 권력 장악을 위한 신하들의 싸움이었다고 하겠다.

제3기 첫머리에서 소개했던 겐메이왕은 온전한 왕위계승과 국가의 안정을 도모하기 위해 후지와라[藤原] 집안과 손을 잡았다. 후지와라는 다이카개신 이후에 등장한 유력한 호족이었다. 후지와라 집안은 자신들의 정권을 유지하기 위해 집안의 딸들을 후궁으로 들이는 방식으로 외척정치를 펼쳐갔다.

사건은 쇼무의 등극에서 시작된다. 왕위에 오른 쇼무는 왕친(王親) 세력인 나가야노 오키미라는 인물을 등용하여 율령국가를 이끌어 나갔다. 왕친 세력과 후지와라 씨의 파워게임. 영원한 권력 장악을 꿈꾸던 후지와라 씨의 입장에서 보면, 나가야노 오키미는 가시 같은 존재였다. 결국 후지와라 씨의 모함에 의해 나가야노 오키미 집안이 몰살되는 비운을 맞게 되는데, 그 사건이 바로 나가야노 오키미의 변이다.

나가야노 오키미가 조정을 이끌어갔던 기간은 8년, 그동안 다비토도 중용되었다. 그러나 나가야노 오키미 실각 후,

다비토도 찬밥신세가 되었다. 730년 12월 다비토는 다자이후 [大宰府]의 총사령관으로 지금의 규슈인 쓰쿠시[筑紫]에 부임한다. 쓰쿠시의 다자이후는 당시로서는 최전방이었다. 결국 다비토는 중앙정치의 세계에서 소외된 것이다. 오쿠라와의 만남은 여기서부터 시작되었다.

한 집안의 동량으로서 기울어가는 오토모 가문을 다시 일으켜야 한다는 부담을 안고 다비토는 규슈로 내려왔다. 그러나 이미 어떻게 해볼 수 없는 상황이었다. 엎친 데 덮친 격으로 다비토에게 연이은 비극이 일어난다. 오랜 여행길의 여독 때문이었을까? 쓰쿠시까지 함께 따라왔던 아내 오토모노 이라쓰메[大伴郎女]가 돌연 죽고 말았다. 지금까지 오랫동안 함께 지내왔던 인생의 반려자를 64살에 그것도 객지에서 잃어버린 다비토의 심정은 어떠했을까? 그 때의 심정을 다비토는 다음과 같이 고백한다.

세상의 일이 허무하다는 것을 안 그때부터 내 삶이 더욱더욱 슬퍼지고 말았다   (5권 793)

아내의 죽음은 노년의 다비토에게 커다란 영향을 끼쳤으리라. 이라쓰메의 죽음에 대해 오쿠라는 니혼반카[日本挽歌: 제5권 794~799]를 지어 죽음을 애도하였다. 다비토의 작품에는 전반적으로 인생의 무상함을 느끼게 하는 요소가 들어 있다. 그러한 요소는 이곳 쓰쿠시의 생활에서 형성되었다고 볼 수 있다.

다비토의 작품세계를 살펴보면, 쓰쿠시 부임 전과 부임 후가 완전히 대조를 이룬다. 다비토의 작품 대부분은 쓰쿠시에서 만들어진 것이다. 다비토는 730년 승진과 더불어 귀경하게 된다. 귀경을 전후하여 다비토는 죽은 아내를 애도하는 와가[亡妻挽歌: 제3권 446~453]를 지었다. 바로 오쿠라의 니혼반카에 대한 대답이라고 할 수 있다. 혼자서 고향에 돌아와 집 뜨락에 선 다비토. 쓰쿠시로 떠나기 전 아내와 함께 심었던 매화나무가 세월을 머금고 뜰에 서 있었다. 이를 바라보는 다비토의 심정은 어떠했을까? 그는 자신의 심정을 이렇게 읊고 있다.

내님과 함께 심었던 매화나무 바라볼 때마다 가슴은 미어지고 눈물 흘러내리네　　　　　　　　　　　　　　　　(3권 453)

고향에 돌아온 다비토는 그 다음 해에 67세의 나이로 이 세상을 떠났다.

『만요슈』 제3기를 이야기 할 때, 앞에서 소개한 다비토와 오쿠라처럼 곧잘 대비되는 사람도 없을 것이다. 출신을 비롯하여 성격이나 가풍 등 모든 것이 서로 대극적인 관계에 있으

다자이후가 있던 터.

면서도 묘한 조화를 이루고 있는 두 사람이다. 다비토는 대대로 군인 집안으로 귀족인 반면에, 오쿠라는 평민이었다. 그러나 두 사람은 다자이후라는 지역을 중심으로 만나서 문학 활동을 함께 하였다. 이렇게 두 사람은 공유하는 부분이 많으면서도 작품의 경향에 있어서는 완연히 다르다. 다비토와 오쿠라의 작품 경향을 한마디로 설명해 줄 수 있는 와카가 있어 소개한다.

밤에 빛나는 구슬 좋다 하여도 술 마시고서 근심 푸는 일보다

나을 것이 있으랴   (3권 345: 다비토)

금과 은 구슬 같은 보화도 다 소용없네 보물이 좋다 해도 아이

들만 할까나   (5권 803: 오쿠라)

오쿠라와 그의 가족.

　두 사람의 가치기준의 차이를 느낄 수 있는 와카다. 다비토에게 있어 보물이란 한 잔의 술이 줄 수 있는 효용성보다 낮으며, 오쿠라에게 있어서는 가족과 아이가 보물의 효용성을 능가하고 있다. 이처럼 서로 다른 두 사람은 대극적인 관계를 유지하면서 『만요슈』의 제3기를 대표하고 있는 것이다.

제4기

　『만요슈』의 제4기는 734년부터 『만요슈』의 마지막 와카 4516번이 지어진 759년 정월까지의 25년간을 말한다. 734년은 쇼무가 왕위에 오른 지 10년이 지난 시기였지만, 권력을 둘러싼 암투는 그치지 않았다. 나가야노 오키미의 변 이후, 후지와라 일가가 정치적 우위를 차지하는 상황이 계속 이어지고 이에 대한 왕족의 견제 또한 만만치 않은 불안한 나날이 계속되었다.

그러던 중 735년에 발생한 전염병이 권력의 판도를 바꾸어놓았다. 735년 7월 규슈의 다자이후 관내에서 천연두가 발생하였다. 천연두의 기세는 대단해서 가라앉을 줄 모르고 전국으로 퍼져나갔다. 천연두 발생 2년 후에는 도읍인 나라에까지 번지게 되었다. 737년 4월에서 8월까지 불과 4개월 동안 나가야노 오키미의 변 이후 정권을 장악하고 있던 후지와라 집안의 네 형제가 연이어서 천연두로 세상을 떠났다. 전염병으로 인해 권력의 균형이 깨진 것이다.

네 형제가 죽은 다음 해인 738년 왕족인 다치바나 모로에[橘諸兄]가 대신의 자리에 올라 756년 2월 사퇴할 때까지 무려 18년간 국가를 경영하였다. 그러던 중 740년 9월 후지와라의 일족인 히로쓰구[廣嗣]가 다자이후 관내에서 난을 일으켰다. 당시의 관료사회는 겉으로는 능력 있는 인사가 승진하고 출세해야 한다는 명분을 내걸고 있었지만, 사실상 모든 요직은 후지와라 집안이 독점하던 시절이었다. 따라서 아무리 능력 있는 사람이라 할지라도, 일정 선 이상으로는 승진할 수 없는 구조였다. 쇼무는 이러한 사회적 모순을 타파하고자 스님인 겐보와 마키비라는 인물을 파격적으로 등용하였다. 이것이 후지와라 집안에서 불만을 갖게 된 계기가 되었고, 후지와라 집안에서도 과격한 히로쓰구가 불만을 행동으로 옮긴 것이었다. 히로쓰구는 당시의 정치를 비판하고 왕의 측근인 겐보와 마키비가 물러날 것을 주장했다. 9월에 일어난 히로쓰구의 난은 2개월 만에 평정되었다.

그러나 이 때부터 쇼무의 기이한 행보가 시작되었다. 쇼무는 생각보다 기가 약한 인물이었다. 히로쓰구의 난이 한창이던 10월에 갑자기 왕가의 조상신을 모신 이세신궁[伊勢神宮] 행차를 감행하였다. 수도인 나라의 헤이죠쿄[平城京]를 버리고 가출한 것이다. 수도에서 내란이 일어날 것 같은 불안감에서 그랬을 것으로 추측된다. 그로부터 한 달 후에 난리가 평정이 되고 히로쓰구가 처형되었는데도 왕은 헤이죠쿄로 돌아가지 않았다. 게다가 대신인 모로에[諸兄]에게 새로 궁을 건설할 것을 명령하였다. 집 나온 김에 천도까지 감행하였던 것이다. 그로부터 쇼무가 헤이죠쿄로 환궁하기까지 5년이라는 시간이 걸렸다.

그러는 동안에 쇼무는 당시의 문화적 수준을 상징적으로 보여주는 기념비적인 사업인 동대사(東大寺)의 노사나불(盧舍那佛) 건립을 계획하고 이를 실천에 옮겼다. 쇼무가 노사나불 건립을 마음먹은 것은 지금의 오사카[大阪]인 나니와[難波] 행차 중에 '지식사(知識寺)'라는 절에 들러 그곳에 안치되어 있는 노사나불에 참배하고부터였다. 여기서 '지식' 이란 민

간단체가 자발적으로 재원을 마련하고 노동력을 들인다는 의미이다. 그러니까 '지식사' 란 요즘으로 말하자면 순전히 민간의 헌금과 자원봉사자들의 힘에 의해 세워진 절이라는 의미이며, 그 절에 안치된 불상이야말로 화합을 상징하는 것이었다.

쇼무가 지식사의 노사나불을 보고 자신도 노사나불을 건립하고 싶어 한 것은 사회적 화합을 바라는 마음에서였다. 즉위한 후부터 점점 심각해진 후지와라 씨와 왕족의 대립은 급기야 나가야노 오키미의 변으로 나타났고, 이후 세력이 강화된 후지와라 씨, 그리고 이에 대한 다른 씨족들의 반감은 사회적 불안을 증폭시켰다. 아울러 쇼무의 인재등용에 대한 후지와라 씨의 불만으로 야기된 히로쓰구의 난 등, 이른바 왕족과 귀족간의 권력투쟁은 율령국가의 존립을 어렵게 하는 중대 사안임에도 불구하고 쇼무는 이를 처리할 능력이 부족했던 것이다.

엎친 데 덮친 격으로 오랜 기간 계속되는 전염병과 기근으로 인해 피폐해진 하층계급은 그들 나름대로 국가에 대해 불만을 품고 있었다. 이처럼 사회의 모든 면에서 대립과 갈등의 양상을 보이는 가운데 신앙을 같이 하는 사람들이 만든 지식사의 노사나불과 같은 불상을 건립함으로써 사회적 화합을 이루어 난국을 타개해 나가고자 했던 것이었다. 이후 노사나

노사나불이 안치
된 동대사.

불을 안치할 동대사의 건설이 시작되고, 752년에는 드디어 9
년이라는 기간을 들여 동대사의 대불이 완성되었다. 대불을
완성하고 4년이 지난 후 쇼무도 죽음을 맞게 된다.

쇼무 재위시절인 만요 제4기는 문화적으로는 덴표[天平]문
화라 하여 화려한 불교문화가 꽃핀 시기였지만 정치적으로
는 불안한 시기였다. 『만요슈』에서는 이 시기의 대표적인 인
물로 오토모노 야카모치[大伴家持]를 꼽는다. 그리고 야카모
치 이외에 그의 숙모인 사카노우에노 이라쓰메[坂上郎女]를
비롯하여 가사노 이라쓰메[笠郎女], 기노 이라쓰메[紀郎女] 등
야카모치를 둘러싼 여류가인들도 눈에 띤다.

따라서 이 시기에 해당하는 와카의 대부분은 야카모치를
중심으로, 주변의 여인들과의 소몬[相聞]이나 야카모치가 지
금의 도야마[富山]인 엣츄[越中]의 지방관으로 있던 시절에 지

은 연회가 등이며, 그밖에 변방이었던 다자이후에 파견된 동북 지방의 젊은이들이 지은 사키모리의 노래[防人歌]가 있다.

여기서 제4기의 대표적인 가인이며 『만요슈』의 최종 편찬자인 야카모치에 대해 좀더 알아보자. 야카모치는 3기의 대표가인이었던 다비토의 아들로서 『만요슈』에 가장 많은 작품을 수록하고 있다. 『만요슈』의 제17권에서 20권까지는 야카모치의 노래일기와 같은 형식으로 구성되어 있어서 야카모치의 와카 세계는 물론 당시의 역사적 상황을 이해하는 데 도움을 준다.

야카모치의 작품은 대개 733년경에서 759년경까지의 것으로, 이는 야카모치의 나이 16세에서 42세까지의 26년에 해당되는 작품이다. 이후 43세에서 68세로 세상을 하직하기까지 25년 동안의 작품세계에 대해서는 알 수가 없다.

그의 작품은 대개 엣츄 재임시절을 기준으로 하여 3기로

야카모치.

분류하는데, 제1기는 16세 이후 엣츄 부임 전까지의 14년 동안을 말하며, 엣츄 부임 기간 5년의 기간을 제2기, 엣츄에서 귀경한 후의 나머지 기간을

제3기로 나누고 있다.

그가 16살에 지었다고 하는 와카를 소개한다.

고개를 들어 초승달 바라보니 한 번 보았던 그 임의 가는 눈썹

생각이 나는구나 　　　　　　　　　　　　　　　　　　　 (6권994)

작품성에 있어서 그다지 뛰어난 작품은 아니지만 16살 나이의 첫 작품에 걸맞은 소박한 작품이다. 그밖에도 야카모치의 대표작이라고 할 수 있는 빼어난 작품들이 많다. 구체적인 작품은 2부에서 감상해 보기로 하자.

이상으로 『만요슈』에 수록되어 있는 130여 년의 시대적 상황과 각 기의 대표적인 가인들에 대하여 알아보았다. 『만요슈』에 등장하는 작자의 특징은, 비록 가인이라고는 하지만 와카 짓는 데에 전념하는 것이 아니라 관직에 몸을 담고 있는 관리라는 점이다. 이는 비단 『만요슈』에만 국한되는 것이 아니라 『만요슈』 이후의 작가의 특징으로, 와카를 짓는 그 자체가 그들 생활의 일부였고 호흡이었음을 보여 준다. 『만요슈』의 경우는 이후 다른 가집보다 시대적 상황이나 사건에 민감하기 때문에, 당시의 시대적 배경을 파악하면서 동시에 『만요슈』를 감상하면 더욱 깊은 맛을 느낄 수 있다.

3장

반대에
이어지는 노래

『만요슈』 편찬 이전의 와카 사정

    일본문학에서 문학의 발생 형태를 말할 때, 보통 세 가지로 나눈다. 그 세 가지는 '선언'과 '이야기' 그리고 '노래'인데, 와카가 노래하는 행위에서 시작되었다는 것은 더 이상의 설명이 필요 없을 것이다. 그렇다면 '노래'라는 것이 어떻게 생겨났는가를 생각해보자.

    두 가지의 경우를 생각할 수 있는데, 하나는 반복되는 원시제례의 행위 속에서 리듬을 가진 반복적인 언어가 노래하는 형태를 취하게 되었고, 다른 하나는 집단적 노동현장에서 생산성의 극대화를 위한 필요성에서 리듬이 있고 반복적인 매체가 필요했다고 볼 수 있다. 이렇게 집단적이면서 그 나름대로 자유로운 운율을 가진 고대 가요는 문자가 없던 시절 입에서 입으로 전해져 내려왔다. 문자가 생겨난 후 사람들은 문자를 이용하여 가요를 기록하고, 아울러 집단적이던 세계가 개인중심적인 세계로 바뀌면서 가요는 고정된 정형률을 가진 창자 와카로 정착하게 되었던 것이다.

이러한 과정 중에서 일본의 운문문학 발생의 형태를 보여주는 것으로 '우타가키[歌垣]'가 있다. 우타가키의 어원을 살펴보면, 노래를 수단으로 하여 상대방에게 말을 건다는 의미로 해석하기도 하고, 한자 표기 그대로 노래를 지어 부를 수 있도록 일정하게 구별된 구역이라는 의미로 해석하기도 한다.

우타가키에 대해서는 『만요슈』 당시에 저술된 각 지방의 풍토기(風土記)를 통해서도 그 내용을 파악할 수 있고 『만요슈』에서도 그 흔적을 찾아볼 수 있다. 전설의 가인(歌人)이라고 불리는 다카하시 무시마로[高橋虫麻呂]의 작품 중에 우타가키의 실상을 알 수 있는 노래가 있어서 소개한다.

> 쓰쿠하 봉우리에 올라 '가가이' 하는 날에 지은 노래 한 수 및 단가
> 독수리 사는 쓰쿠하 봉우리의 '모하키쓰'라는 그 샘 언저리에서 젊은 남녀가 한자리에 모여서 '가가이' 하는 바로 그 자리에서 남의 아내와 나도 교제하리라 내 아내에게 남들도 말거시오 쓰쿠하 산을 다스리시는 신이 그 옛날부터 허락하신 행사요 오늘만큼은 이상히 보지 마소 이상한 말 하지 마소

- '우타가키'를 동북 지방 사투리로 '가가이'라고 함 (9권 1759)

반가(反歌)

남신산(男神山) 위에 구름 피어오르고 가을비 내려 흠뻑 젖는다
해도 나 돌아가지 않으리

위의 노래는 다카하시 무시마로의 가집 중에 보임   (9권 1760)

지금도 중국의 소수민족인 묘족(苗族)이나 동족(侗族) 등의
축제에서 볼 수 있는 짝짓기 행사가 고대 일본사회에도 있었
던 것이다. 남의 아내와 나도 교제하고 남들도 내 아내와 교
제한다. 그래도 괜찮은 것은 그날만큼은 우타가키가 행해지
는 쓰쿠하 산의 신이 허락한 날이기 때문이다. 물론 우타가키
의 저변에는 농업사회에서 생산성 향상을 위한 노동력의 생

우타가키가 행해졌던 쓰쿠하 산.

산이라는 의도가 깔려 있지만, 어떻게 해서 이러한 행사가 와카의 발생과 관계가 있을까?

이를 이해하기 위해서는 먼저 고대 일본의 신앙을 이해하여야 한다. 바로 '고토다마[言靈]신앙'이라고 하는 것. 고토다마를 번역하자면 언어정령(言語精靈)이라고 할까, 언어에 영혼이 있어서 사람들의 생활이 언어의 영에 의해 지배된다는 것이다. 이는 일본에만 존재했던 관념은 아니고, 원시시대라면 어디든지 존재했던 관념이었다.

우타가키는 온 동네 남녀노소 불문하고 성인이라면 누구나 참석할 자격이 있었다. 우타가키의 장소에서 맘에 드는 여자가 있으면, 그 여자에게 노래를 지어 보낸다. 남자로부터 노래를 받은 여자는 그 자리에서 답가를 지어 보내야 했다. 그렇지 않으면 상대방의 언어정령에게 지배받는다고 믿었기 때문에 이를 피하기 위해 여자는 노래를 지어 보내고, 이 노래를 받은 상대방은 또 노래를 지어 보낸다. 이렇게 여러 번의 증답(贈答)이 계속되다가 더 이상 노래로 답할 수 없을 때, 그 사람은 상대방의 언어정령에 복속되어 결국은 상대방이 하자는 대로 할 수밖에 없었던 것이다. 노래의 증답에서 승리한 남자는 여자를 데리고 풀숲으로 들어가 적당한 자리에서 사랑을 나누었다. 이와 같이 우타가키의 자리에서 노래를 주고받던 일련의 행위를 일본의 운문문학 발생의 형태로 보고 있다.

이렇게 시작된 일본의 운문문학은 『고지키』나 『니혼쇼키』 등에서 볼 수 있는 가요의 형태를 유지하다가 『만요슈』 편찬 당시에는 이미 와카라고 하는 정형시의 형태를 갖추게 되었다. 그렇다면 『만요슈』에 수록되어 있는 와카는 완전한 정형률을 갖춘 안정된 것이었을까? 이를 살펴보는 것도 『만요슈』를 바라보는 하나의 시각일 것이다. 먼저 『만요슈』의 권두가를 소개해보자. 일본어를 모르는 독자를 위해서 노랫말 위에 아라비아 숫자로 음수율을 표시하기로 한다.

　　　　³　　　　⁴　　　　　⁵　　　　　⁶　　　　　⁵
　　こもよ　みこもち　ふくしもよ　みぶくしもち　このをか
　　　　　　　³　　　　³　　　　⁷
　　に……われにこそは　のらめ　いへをもなをも

　　바구니 바구니 들고 호미 들고 호미 들고서 이 언덕에서 나물 캐는 이……집을 고하게 이름 고하라. 성스러운 야마토 이 나라는 내가 다스리로다 내가 다스리로다. 내가 먼저 고할까 집과 이름을

　　이 노래의 음수율을 보면 3·4·5·6·5……처럼 늘어났다가 줄었다가 도무지 규칙성이라곤 찾아볼 수 없다. 위의 노래는 장가로 분류하기는 하지만, 장가가 5·7·5·7……5·7·7의 음수율을 가지고 있는 것을 보면 정형률과는 거리가 멀다.

그런가 하면 일본의 동북 지방에서 내려오던 민요인 '아즈마우타[東歌]'를 모아 놓은 『만요슈』 제14권에 수록되어 있는 노래는 5·7·5·7·7이라는 완벽한 정형률을 유지하고 있다.

상식적으로 생각해서 불규칙에서 규칙으로, 비정형에서 정형으로 옮겨가는 것이 운문문학의 자연스러운 과정이다. 그럼에도 불구하고, 아즈마우타는 민요적인 성격의 노래면서 너무나도 정연한 음수율을 갖는다. 즉 『만요슈』에는 앞에서 예로 든 권두가처럼 고대가요적인 성격을 그대로 보여주는 와카가 있는가 하면, 아즈마우타처럼 비록 오래된 전래의 민요지만 이것이 문자로 정착하면서 와카의 정형률에 맞추어 정리되었음을 암시하는 노래도 수록되어 있다. 그 외에도 가요에서 일탈하여 처음부터 본격적인 서정시로서의 완벽한 정형성을 띠는 와카도 수록되어 있는 것이 또한 『만요슈』다.

이처럼 『만요슈』는 여러 면에서 완전한 와카집이라고 하기보다는 가요와 와카가 공존하는 과도기적인 가집이라고 할 수 있다.

『만요슈』가 의미하는 것

　우리는 아기가 태어났을 때, 아이에게 이름을 지어준다. 이름을 지어준다는 것은 그 아이를 하나의 인격체로 인정하고, 그에게 생명력을 불어넣어 주는 행위다. 이렇게 중요한 이름을 지을 때, 아무렇게나 되는대로 이름을 짓지는 않는다. 아이가 장래 이러한 인물이 되었으면 하는 희망을 담아서 정성스럽게 이름을 짓는다. 이런 상황은 비단 사람의 이름에 한정되는 것이 아니라, 가집이나 문집의 편찬에도 적용된다.

　그렇다면 『만요슈』라는 이름에는 어떠한 의미가 담겨 있을까? 아니 조금 더 나아가 어떠한 바람을 가지고 『만요슈』를 편찬했을까에 대해서 생각해보자.

　『만요슈』의 편찬 의미를 생각하기에 앞서 '도대체 누가

『만요슈』라는 이름을 붙였을까' 하는 점도 궁금하다. 이에 대해서는 다치바나 모로에[橘諸兄]라는 인물과 『만요슈』의 최종 편찬자 야카모치[家持]가 서로 맞선다. 다치바나 모로에는 바로 후지와라 집안의 4형제가 천연두로 사망한 후, 조정을 이끌어갔던 인물이다. 그러나 야카모치가 『만요슈』라는 이름을 붙였다는 실이 유려하다

어느 쪽이라 하더라도, 현존하는 『만요슈』가 편찬되기 선에 이미 『만요슈』라는 이름을 얻고 있었다는 사실에는 변함이 없지만, 그렇다면 왜 야카모치는 4516수가 넘는 방대한 가집에 『만요슈』라는 이름을 붙였고, 그런 이름을 붙이면서 어떠한 바람을 가지고 있었을까?

우선 『만요슈』라는 이름이 뜻하는 바를 살펴보자. 만요[萬葉]의 '요(葉)'를 어떻게 해석하느냐에 따라 3가지 주장이 있다. 첫째, '요(葉)'에는 '언어, 단어'라는 의미가 있으므로, 『만요슈』란 '수많은 언어[万の言の葉]'라는 의미. 따라서 『만요슈』란 다수의 와카를 수록한 가집이라는 뜻. 둘째, '요(葉)'는 '대(代)'와 통하므로 만요란 만대(萬代)라는 의미이고 『만요슈』란 만대까지 전해지라는 축복의 의미가 담겨 있는 가집이라는 뜻. 셋째, '요(葉)'에는 '종이, 책자'라는 의미가 있으므로 『만요슈』란 쪽수가 많은 두꺼운 책자라는 뜻. 세번째 의견을 그대로 받아들이기는 조금 무리가 있는 듯하고,

이를 제외하고 생각한다면 『만요슈』라는 이름에는 당시의 수많은 노래가 자손 대대로 전해지기를 축원하는 의미를 담고 있다고 볼 수 있다.

그러나 『만요슈』가 자손 대대로 전해지기를 바라는 편찬자의 바람이 단순히 『만요슈』라는 이름에만 담겨 있을까? 이러한 경우를 생각해볼 때, 커다란 의미가 있는 것이 바로 권두가(卷頭歌)와 권말가(卷末歌)다. 가집의 첫머리와 맨 마지막에 놓이는 와카는 그 나름대로 상징성이 있다. 하나의 가집을 발간하면서 편찬자가 가집의 첫 번째 노래에 의미를 두지 않는 경우는 거의 없다. 개인논문집을 하나 발간한다고 하더라도 첫 번째 수록하는 논문은 그 사람의 대표적인 논문을 놓는 것이 일반적인 관례다. 첫머리에 놓이는 것은 편찬되는 책자의 얼굴이다. 앞에서 소개했던 권두가를 다시 한번 인용해보자.

천황어제가(天皇御製歌)

바구니 바구니 들고 호미 들고 호미 들고서 이 언덕에서 나물 뜯는 아가씨 집을 고하라 이름 고하라 성스러운 야마토 이 나라는 모든 것을 다 내가 다스리로다 모든 것을 다 내가 다스리로다 내가 먼저 고할까 집과 이름을 (1권 1)

앞에서 이야기 했듯이 위 노래는 고대가요의 냄새가 풍기는 작품이다. 이 노래의 무대는 어느 봄날의 들녘. 작자인 왕은 자신이 다스리는 나라를 살펴보기 위해 행차했다. 여기저기서 나물 캐는 사람들이 보인다. 그런 가운데 왕의 눈을 끄는 아가씨가 하나 있었다. 왕은 그녀에게 반하고 말았다. 그녀는 그 지방 호족의 딸이었다. 왕은 위엄을 가지고 묻는다. "여보게 아가씨여 그대 이름이 무엇인고? 집은 또 어니인고?' 사실 이 당시 남의 이름을 묻는 행위는 청혼을 뜻한다. 이런 질문에 답을 한다면 그것은 승낙을 의미하는 것이다. 그런데 이 아가씨, 감히 왕이 말을 거는데 당돌하게 이를 무시하고 도망가 버렸다. 『고지키』에 전하는 바로는 나라의 가스가[春日] 언덕위로 도망하여 숨어 버렸다. 왕은 화가 나고 말았다. '감히 내말을 거역하다니' 왕의 말투가 변하였다. 왕은 위엄을 갖추고서 "성스러운 야마토 이 나라는 바로 내가 다스리는 곳인데, 네가 도망을 가다니. 그렇다면 내가 먼저 집과 이름을 너에게 고하랴?' 하고 볼멘소리를 하고 있다.

마치 한편의 연극을 보는 듯한 느낌을 주는 권두가인데, 사실 여기서 주목할 것은 와카의 내용보다 작자인 왕이 누구냐 하는 점이다. 이 노래의 작자는 21대 유라쿠[雄略]왕이다. 고대 일본에서 유라쿠는 전설적인 인물이었다. 당시 만요 시대의 사람들에게는 노래의 영력(靈力)을 완비한 고대국가의 강력한 위정자라는 이미지로 비친 인물이 바로 유라쿠였다. 유라쿠는 노래의 힘을 빌려 모든 사물을 지배하고 통치해 나간 신비의 인물로서 당시 만요 시대를 살던 사람들에게 있어서는 전승(傳承) 속에서 형상화된 선망적인 임금이었다. 이러한 인물의 노래가 바로 『만요슈』의 권두가라는 사실은 『만요슈』의 격을 한층 높이는 역할을 한다.

그렇다면 마지막을 장식하는 권말가는 어떤 와카일까? 앞에서 인용했던 야카모치의 노래를 인용해보자.

> 3년 정월 초하루 이나바 지방청에서 그 지역 관리들과의 연회를 베풀 때 지은 노래 한 수
> 새로운 해가 처음 시작되는 날 초춘인 오늘 내리는 이 눈처럼 좋은 일 쌓이거라
>
> 위 노래 한 수는 수령인 오토모노 스쿠네 야카모치의 작품이다.
>
> (20권 4516)

이 작품은 서기 759(天平寶字 3년) 정월 초하루에 지은 것이다. 이 해에는 신년 벽두부터 많은 눈이 내렸다. 그날은 바로 신년하례식이 있는 날이었다. 중앙정부에서는 왕이 신하들의 인사를 받지만 지방관청에서는 중앙정부에 준하여 그

지방의 수령이 왕을 대신하여 지방관속의 인사를 받고 아울러 연회를 열었다. 딱딱한 공식적인 행사가 끝나고 이어서 벌어진 연회에서 연희의 주최자인 야카모치가 '왕의

이나바 지방청 자리
4516번이 읊어진 곳이나.

자격'으로 위의 노래를 지었다. 예로부터 눈이 많이 내리면 풍년이 든다고 했다. 야카모치는 탐스럽게 내린 눈에 빗대어 한 해의 풍요와 안녕을 기원하였고 국토의 번영을 기원했던 것이다.

이처럼 『만요슈』는 그 이름뿐만 아니라, 실제적인 와카 배열에 있어서도 상당히 의도성을 가지고 있다. 가집의 첫머리를 영력을 완비한 이상적인 왕의 노래로 장식하고, 가장 마지막에는 『만요슈』 중에서 가장 나중에 지어진 와카를 배치하면서 내용적으로는 국가의 안녕과 풍요를 기원하는 노래로 마무리지었다는 것은 가집으로서 『만요슈』가 일본인의 마음속에 변함없이 만대에 이르기까지 전해지기를 기원하는 마음의 표현이었던 것이다.

『만요슈』의 표기

　『만요슈』가 고전이라는 이유를 제외하고도『만요슈』는 접근하기가 어렵다는 이야기를 종종 듣는다. 물론 일본에서 가장 오래된 가집이니까『만요슈』의 편찬시기로부터 현재까지의 시간적·공간적인 간격으로 인해 발생한 변화를 그대로 받아들이기가 쉽지는 않을 것이다. 그런 변화 요인 중에 하나가 바로『만요슈』의 표기 체계다. 현대 일본어의 표기 체계와 다르기 때문에『만요슈』에 관하여 상당한 지식을 갖고 있는 사람도『만요슈』를 원문 그대로 읽어보라고 한다면, 쉽게 읽기가 어렵다.

　『만요슈』는 현재 일본에서 사용하고 있는 문자인 가나(か な)가 만들어지기 전에 편찬되었기 때문에 당시에 통용되었

던 한자를 사용하여 표기할 수밖에 없었다. 그러나 한자는 중국의 글자인데다 뜻글자이므로, 이를 이용하여 외국어인 일본어를 표기한다는 점에서 어려움이 있었다. 따라서 표기 방법도 다양하였다. 물론 가나가 만들어지기 직전에는 만요가나[万葉仮名]라고 하여 한자의 음(音)만을 이용하여 표기하는 방법도 생거났다. 『만요슈』의 표기방법에 대하여 한번 살펴보자.

우선 한자의 음을 그대로 이용하여 읽는 방법이 있다. 현대 일본어에 빗대어 이야기 하자면 음독(音讀)에 해당되는 것. 현대 일본어에서 한자어를 읽는 방법과 같다. 예를 들어 '만엽(萬葉)'이라는 어휘가 나왔을 때, 이를 '만요(まんよう)'라고 읽는 것과 같은 종류다. 다음으로 한자의 훈(訓)을 이용한 것이 있다. 예를 들면 '귀'라는 의미의 '이(耳)'를 일본어의 훈(訓)인 '미미(みみ)'로 읽는 것과 같은 종류다. 다음으로 소개할 것은 한자의 음을 빌어서 일본어를 표기하는 방법이다. 현재 일본에서 사용하고 있는 가나(仮名)의 모체가 된 것이다. 예를 들어 산(山)이라는 의미의 일본어 '야마(やま)'를 표기하는데, 한자의 뜻과는 상관없이 음(音)만을 빌어 '야마(夜麻)'라고 표기하는 예가 그것이다.

여기까지는 아무것도 아니다. 조금 더 난이도가 높은 쪽으로 가보자. 일본어의 훈을 빌어서 읽기는 하지만, 앞에서

'귀'를 '미미(みみ)'라고 읽었던 것과는 양상이 다른 종류를 살펴보자. 『만요슈』 11권 2542번의 작자 미상가의 원문을 보면, 한자로 '팔십일(八十一)'이라는 표기가 보인다. 현대 일본어로 읽는다면 '하치쥬이치'일 텐데, 『만요슈』에서는 이를 '구구'라고 읽고 있다. 바로 '구구 팔십일', 구구단에서 온 것이다. 이를 통해서 당시에 이미 구구단이 보급되었다는 것을 짐작할 수 있다. 이와 같은 종류로 멧돼지[猪]를 일본어로 '시시(しし)'라고 하는데, 이를 표기하는 데 '십육(十六)'이라고 표기한 것도 보인다. '시'는 일본어로 '4'. 결국은 '사사 십육'으로 이것도 구구단이다. 이러한 종류의 표기를 전문적인 말로 하면 '차훈(借訓)가나표기', 즉 한자의 훈을 빌어서 가나의 음을 표기한 것이다. 이러한 종류의 표기는 빌려 쓰고 있는 훈이 평범한 것이기 때문에 괜찮다. 그러나 이런 것을 어떨까?

예를 들어 '금풍(金風)'과 같은 단어다. '돈 바람' 내지는 '황금 바람'이란 의미일까? 『만요슈』에서 '금풍'은 '아키카제[秋風]'라고 읽는다. 그 의미는 한자의 의미 그대로 '가을바람'이라는 뜻. 그렇다면 어떻게 '금(金)'이 '가을[秋]'이 될까? 이것은 바로 음양오행설과 관계가 있다. 오행설에서 가을은 화·수·목·금·토 중, 금(金)과 통하기 때문이다. 그러나 역시 만요 표기의 압권은 '우울하다'는 의미의 '이부세시

(いぶせし)'다. 이 '이부세시' 중의 '이부'를 '마성봉음(馬聲蜂音)'이라고 표기하는 것이 있다. 어떻게 이렇게 읽을 수 있을까? 당시의 말울음 소리는 '이(い)'라 하였고, 벌[蜂] 소리는 '부(ぶ)'였기 때문이다. 『만요슈』를 통해 당시의 의성어까지도 알 수 있다.

이와 같은 종류의 표기는 『만요슈』 안에서 얼마든지 찾을수 있다. 조금 더 재미있는 예를 들어보기로 하사. 싸라기눈이라는 의미의 '아라레(あられ)'의 표기는 '환설(丸雪)'. 눈의 모습을 그대로 표현하였다. 처녀라는 의미의 '오토메(をとめ)'는 '미통녀(未通女)'로, 아직 남자가 드나들지 않은 여자라는 뜻. 당시의 결혼 습속은 남자가 신부 집에 드나드는방처혼(訪妻婚)의 형태를 띠고 있었는데, 이 표기 역시 이를반영하고 있다. 여행이라는 의미의 '다비(たび)'의 표기 중에는 '거가(去家)'라는 것도 있다. 역시 집 떠나는 것이 여행이다. 전반적으로 보면 결국 한자를 빌어서 음을 표기한다고 하더라도, 노래의 의미나 단어의 뜻에 어울리는 한자를 취하고있는 것이다. 이처럼 『만요슈』의 표기는 당시 사람들의 심상풍경을 전해준다.

근대에 들어와 개국 후 서양과 교류하는 동안 일본인들은외국의 문물을 표현할 단어를 끊임없이 만들어내야 했다. 지금까지 일본에서는 듣지도 보지도 못했던 물건이 계속해서 들어오기 때문에, 처음에는 외래어를 그대로 사용했겠지만, 이윽고 서양 언어에 익숙하지 않은 일본인들은 일본식의 새로운 이름을 만들어 내게 되었다. 이때 일본인들이 사용한 방법이 바로 『만요슈』의 표기 체계를 모방한 것이었다.

예를 들어 칠판이 처음 일본에 들어왔을 때는 영어 그대로 '블랙보드(Blackboard)'라는 말을 사용했겠지만, 익숙지 않은 알파벳의 세계는 보통 일본인들이 접하기엔 너무 어려웠다. 이윽고 '블랙'은 '흑(黑)', '보드'는 '판(板)'이라는 한자를 이용하여 흑판이라고 표기하고, 이를 일본어로 읽어서 고쿠반(こくばん)이라고 하였다. 담배를 연초(煙草)라고 쓰고 이를 '다바코'라고 읽는 것도 바로 이런 『만요슈』의 흐름에 속하는 것이다.

또 하나, 외국의 지명을 한자로 표기하는 것도 만요 가나를 사용한다. 예를 들자면 프랑스는 불란서(佛蘭西)라고 표기하고 이를 일본어의 음으로 '후란스'라고 읽었다. 독일(獨逸)이라고 한자로 써놓고, '도이츠'라고 읽은 것도 이와 같은 예이다. 그렇다면 미국은 어떻게 표기할까? 우리나라는 아름다울 미(美)를 써서 미국(美國)이라고 하지만, 일본의 경우는 쌀 미(米)를 써서 '베이코쿠'라고 읽는다. 우리나라 사람들이 종종 이것을 설명하기 위해 미국은 쌀이 많다는 둥, 아름다울 미(美)를 쓰는 우리나라가 사대주의고 쌀 미(米)를 쓰는 일본은 미국을 비하하기 때문이라는 둥, 여러 가지 설명이 분분하다. 그러나 일본어로 미국을 말할 때, 아미리가(亞米利加)라고 쓰고 '아메리카' 라고 읽었고, 이것을 압축하여 표기할 때 중간에 있는 쌀 미(米)를 떼어내고 그 뒤에 나라 국(國) 자를 붙여서 '베이코쿠' 라고 했던 것이다. 『만요슈』는 아직도 살아 숨쉬고 있다.

노래는 하나인데 지은 이는 두 사람

『만요슈』를 펼치면 제일 첫머리에 유라쿠왕의 노래가 있고, 그 다음으로 죠메이왕의 노래가 있다. 그리고 이어지는 노래 중에 7번째로 누카타노 오키미[額田王]의 와카가 등장한다.

누카타노 오키미의 노래 확실하지 않음
가을 들녘에 풀 베어 지붕 잇고 묵었던 '우지' 도읍지에 지었던 초막집 생각나네

위의 노래는 야마노우에노 오쿠라 대부(大夫)가 『루이쥬가린』에서 밝히기를, '어떤 책에서 말하기를 648년에 히라[比良]의 행궁(行宮)에 행차하셨을 때, 천황께서 지으신 노래' 라고 한다. 그

러나 『니혼쇼키』에는 '659년 정월 3일에 천황이 기노유[紀伊の 湯]로부터 귀경하셨다. 3월 초하루에 천황은 요시노[吉野]에 행차하시어 향연을 베푸셨다. 3일에 천황은 오우미[近江]의 히라노 우라[平の浦]에 행차하셨다' 고 한다.   (1권 7)

위의 노래는 교토의 남쪽에 위치한 우지[宇治]에 왕이 행차하여 노숙했던 때를 생각하여 지은 것이다. 와카의 내용 중 '도읍지에 지은 초막집' 이라는 내용은 조금 이상하지 않은가? 일본어에서 '도읍지' 를 '미야코[都]' 라고 하는데, 어원적으로 풀어보면 궁궐이라는 의미의 '미야[宮]' 와 장소를 나타내는 '코[處]' 라는 말의 합성어로, 결국 임금이 사는 곳이라는 의미다. 따라서 여기서 도읍지라는 말을 사용한 것도 거기에 도읍지가 있어서가 아니라, 왕이 행차하여 묵은 곳을 도읍지라고 표현했을 뿐이다.

여기서 문제가 되는 것은 누가 작자인가 하는 점이다. 와카의 제작 사정을 알 수 있는 다이시[題詞]에는 분명히 '누카타노 오키미' 의 노래라고 명기되어 있다. 그러나 좌주(左注)를 읽어보면 작자를 '누카타노 오키미' 라고 단정 짓기는 이르다. 좌주의 내용을 보면, 3기의 대표가인 오쿠라가 저술했다고 하는 『루이쥬가린』이라는 책에서는 위의 노래를 고토쿠왕[後德]이 지은 것으로 전하는데, 『만요슈』의 편자는

『니혼쇼키』의 기록을 그대로 인용하여 위의 노래의 작자가 사이메이[齊名]왕임을 기록하고 있다. 『만요슈』의 편자도 이러한 상황을 파악하고는 '누카타노 오키미가 지은 노래'라는 기술 옆에 '아직 확실하지 않다'라고 적고 있다.

이처럼 다이시와 좌주의 작자명이 다른 '작자이전(異傳)'의 노래가 『만요슈』에 여러 수 보인다. 뒤를 잇는 8번 와카의 경우도 7번과 사정이 같다.

누카타노 오키미

니키타에서 배 띄우고자 하여 달 기다리니 물때가 되었구나 아제 배 저어 가자

위의 노래는 야마노우에노 오쿠라 대부가 『루이쥬가린』에서 밝히기를, '34대 죠메이천황이 639년 12월 14일에 황후와 함께 이요의 온천으로 행차하였다. 후에 37대 사이메이천황 7년 1월 6일에 신라 원정을 위해 배를 서쪽으로 띄워 처음으로 바닷길에 닿았다. 14일에 천황은 이요의 니키타 나루의 이와유에 있는 행궁에 머물렀다. 천황은 옛날 죠메이천황이 이곳에 왔을 때 남겨놓은 것을 보시고, 즉시 감회의 정을 일으키셨다. 이에 노래를 지으셔서 슬퍼하셨다'고 한다. 따라서 이 노래는 천황이 친히 지으신 노래다. 단, 누카타노 오키미의 노래는 따로 4수가 있다. (1권 8)

이밖에도 10번 · 11번 · 12번의 그리고 16번 · 17번도 작자이전가(作者異傳歌)다. 이런 현상이 일어나는 원인은 무엇일까? 물론 작자명이 다르게 전해지는 현상의 원인을 문자가 없던 시절, 구전(口傳)의 세계에서 발생할 수 있는 와전에서 찾을 수도 있다. 그러나 만약 구전의 과정에서 발생하는 이전(異傳)이라면 역시 작자명보다는 노랫말에서 그 현상이 두드러져야 할 것이다. 그런데 여기서 흥미로운 현상을 발견할 수 있다. 작자이전의 현상을 보이는 노래를 살펴보면 모두 『만요슈』 초기의 작품이라는 점, 그리고 다르게 전하는 한편의 작자가 모두 왕이고, 다른 한편의 작자는 왕의 주변인물이라는 점이다.

이렇게 작자명이 복수로 존재하는 현상에 대하여 비교적 최근까지도 작자명 중 하나는 정전(正傳)이요, 다른 하나는 와전으로 간주하고, 그리고 대부분 좌주에 기록되어 있는 왕을 작자로 생각하였다. 그러나 이러한 양자택일의 발상으로는 이 문제의 해결을 찾을 수 없고, 이렇게 작자가 두 사람으로 존재할 수 있는 것은 와전에 의한 것이 아니라 고대 일본 사회에서 노래를 읊는 하나의 형식으로 보아야 한다는 의견이 제시되었다. 여기서 등장하는 것이 '대작(代作)'이라는 개념이다. 즉 위의 예로 보자면 신하 중의 한 사람인 누카타노오키미가 왕과 동행하고, 노래를 읊어야 할 자리를 만나면 왕을 대신하여 노래를 읊었으며 이 노래는 왕이 지은 것으로 간주하였던 것이다.

나중에 덴지[天智]왕이 되는 나카노 오에[中大兄]왕자의 태자비로 소가노 미야쓰코히메[蘇我造媛]라는 인물이 있었다. 그녀의 아버지가 '소금'이라는 의미의 '시오[鹽]'라는 인물에 의해 죽었다는 소식을 듣고 태자비는 상심하여 비탄에 빠졌다. 그 이후로 태자비는 소금이라는 말조차 싫어했다. 이 때문에 주위 사람들은 정작 소금이라는 말을 해야 할 때도 '시오'라 하지 못하고, '기타시[堅鹽]'라고 했다고 한다. 결국 태자비는 밀려오는 심적 고통을 이기지 못하고 죽고 말았다. 나카노 오에왕자는 부인이 죽었다는 소식을 접하고 대단히 상심하였다. 이에 노나카노 가와라노 후비토미쓰[野中河原史滿]라는 사람이 자진해서 노래를 지어 바쳤다. 그 노래는 다음과 같다.

산과 들녘에 원앙 한 쌍 짝지어 다정하듯이 다정했던 내 님을 누가 데리고 갔나
(그 하나)

그루터기마다 꽃은 피어나지만 어째서일까, 사랑스런 그대는 다시 피어나지 않네
(그 둘)

왕자는 오열하며 슬퍼하면서도 이 노래를 칭찬하였다. 그리고
는 많은 상을 내렸다.

이 이야기는 『니혼쇼키』의 「고토쿠기[孝德紀]」에 전하는
이야기로, 고대 일본의 영가(詠歌) 형태의 일면을 잘 보여준
다. 왕과 신하가 함께한 자리에서 왕을 대신하여 신하가 노래
를 읊고, 그 자리에 있는 모든 사람들은 읊어신 노래를 왕이
지은 것으로 간주하는 이른바 와카의 공유(共有) 현상이 고대
일본사회에 존재하고 있었던 것이다.

이 경우를 누카타노 오키미의 경우에도 그대로 적용시킬
수 있다. 누카타노 오키미가 사이메이왕과 동행하였다. 왕을
수행하여 활동하던 중, 와카를 지어야 할 자리(場)를 만나게
된다. 여기서 누카타나노 오키미는 왕을 대신하여 노래를 짓
고, 이렇게 지어진 노래는 왕의 작품도, 누카타노 오키미의
작품도 되었던 것이다. 이러한 와카의 공유 현상은 고대 일본
사회에서 볼 수 있는 특징이었다.

죽은 자를 그리며 부르는 노래

『만요슈』의 대표적 분류방법의 하나인 반카[挽歌]는 죽은 자를 애도하고 죽은 자에 대한 애석한 마음을 표현한 노래다. 원래 중국에서는 장송곡으로 상여의 줄을 끌면서 부르던 노래였고, 한시의 시체(詩體) 중 하나로 육조(六朝)시대의 『문선(文選)』에도 채용되어 있다. 반카라는 분류방법은 『만요슈』에서만 볼 수 있는 독특한 와카의 분류로, 9세기 이후 헤이안 시대의 가집에서는 '아이쇼[哀傷]'라는 분류명으로 바뀌게 된다.

죽은 자를 기리는 노래가 『만요슈』에 이르러 반카라는 분류명으로 정리되기 전, 일본에서는 죽은 자를 위하여 어떠한 노래가 읊어졌을까?

일본인의 죽음에 관해서는 『위지(魏志)』의 「왜인전(倭人傳)」에서 예를 찾아볼 수 있다. 그 내용을 보면, 고대 일본인은 죽은 후에 관을 사용해서 매장하였으며, 봉분을 만들었고, 죽은 후 10여 일 동안 장례를 행하였고, 고기를 먹지 않았으며, 상주는 울고 곡을 하며 다른 사람들은 가무와 음주를 했다고 전한다. 이와 같은 중국 쪽의 자료 이외에도 『고지키』나 『니혼쇼키』 등에도 장송(葬送)에 관한 기록이 있고, 그 기록 안에 장례와 관계 있는 노래가 수록되어 있다. 그러나 이러한 노래를 '반카' 라고 부르지 않는다. 다시 말하면, 『고지키』 등에 실려 있는 죽음에 관한 노래는 고대 원시사회의 장례의식에 수반되었던 노래로 주술적인 성격을 갖고 있으며, 이는 『만요슈』의 반카와 구별한다. 고대 원시사회의 장례의식에 수반되었던 노래와 반카를 구별하는 첫 번째 기준은 반카가 서정시라는 점이다.

그렇다면 주술적인 장례의 노래가 서정적인 반카로 바뀌게 되는 계기는 무엇일까? 그것은 바로 장례의식의 변화에 있었다. 그 중 대표적인 것이 빈궁(殯宮)의 설치였다. 빈궁이란 죽은 자를 묻기 전에 시신을 안치했던 곳을 말한다. 빈궁에서 죽은 자를 기리며 행해진 의식은 처음에는 죽은 자가 다시 살아나기를 기리는 초혼(招魂)적 성격이 강했으나 세월이 흐르면서 영혼을 위로하는 진혼(鎭魂)적인 성격으로 바뀌어 갔다.

　이러한 과정에서 중요시 여겨졌던 것이 '뇌[誄]' 였다. '뇌'란 고인이 살아 있었을 때의 공덕을 기리며 애도의 뜻을 표현하는 행위로, 빈궁에서 시신을 앞에 놓고 행해지던 의식이었다. 이렇게 죽은 자를 애도하던 의식에 수반된 언어 행위가 반카의 탄생에 중요한 역할을 하였던 것이다. 이후『만요슈』의 반카는 궁정에서의 의례적인 반카와 일반인의 죽음을 기리는 반카라고 하는 두 갈래의 계보를 유지하며 이어져가게 되었다.

　『만요슈』에는 어느 정도의 반카가 수록되어 있을까? 반카라는 분류명 아래 반카가 가장 많이 수록되어 있는 권은 제2권으로 총 94수가 수록되어 있고, 다음으로 제3권에 69수를 비롯하여『만요슈』에는 이본가(異本歌)를 포함에서 총 218수의 와카가 수록되어 있으며, 이밖에도 반카라는 분류명이 없는 권에서도 21수의 반카를 찾아볼 수 있다.

　이를 앞에서 나누었던 시대적 분류에 의해 정리를 해보면 제1기인 672년경까지가 11수, 제2기인 710년경까지가 96수, 제3기인 733년경까지가 41수, 제4기인 759년경까지가 48수로 반카의 전성기는 제2기인 710년경이었다고 하겠다. 또한 이를 작자별로 살펴보면, 히토마로가 41수로 1위, 야카모치가 26수로 2위를 차지하고 있고, 그밖에도 수 명의 작가가 있으나 그 수는 미비하다.

다음으로 반카를 발상적인 면에서 접근해 보기로 하자. 반카가 죽은 자를 기리는 노래임에도 불구하고 『만요슈』에서는 죽음을 표현하는 데에 '죽다[死ぬ]'라는 표현을 선혀 사용하지 않는다. 『만요슈』에서 '죽다[死ぬ]'라는 어휘가 사용되는 것은

위지 왜인전의 장례 기록.

사랑의 노래인 소몬[相聞]에서 '사랑 때문에 죽을 것 같다'라는 식의 표현에서뿐이다. 그렇다면 『만요슈』에서는 죽음에 대해서 어떤 식으로 표현했을까?

먼저 궁정(宮廷)반카라고 불리는, 왕이나 왕자의 죽음을 애도한 노래를 들어보자.

(전략)

기노헤노 미야를 영원히 사실 궁으로 높이높이 지으시고 신의 모습 그대로 진좌하셨네

(후략)   (2권 199: 다케치왕자 반카)

나키사와의 여신께 술 바치며 기도했지만 우리 임금 태양신 하

늘 다스리도다 　　　　　　　　　　　　　(2권 202: 다케치왕자 반카)

　우리 임금은 신으로 나셨기에 겹겹이 쌓인 구름 아래 쪽으로 숨

　어버리셨도다 　　　　　　　　　　　　　(2권 205: 유게왕자 반카)

　위의 199번은 『만요슈』 내에서 가장 긴 노래여서 앞과 뒷

부분을 생략하였다. 위에서 볼 수 있듯이 당시 왕은 그들 자

신이 바로 신이었기 때문에, 그들이 죽는 것은 바로 태양의

신으로서 하늘을 다스리기 위해 승천하는 것이었다. 이러한

노래에서 고대 일본의 왕 신격화라고 하는 정치적인 의도를

엿볼 수 있다. 그렇다면 일반인의 죽음은 어떻게 묘사되고 있

을까?

　먼 바다 파도 밀려오는 해변에 거친 바위를 화려한 베개인 양

　베고 누운 당신이여 　　　　　　　　　　(2권 222: 石中死人歌)

　집에 있으면 임의 팔 베개 삼아 누웠을 텐데 풀 베개 베고 누운

　이 나그네 가여워라 　　　　　　　　　(3권 415: 立田山死人歌)

　전자는 히토마로가 바닷가에 죽어 있는 나그네를 보고 지

은 노래. 후자는 쇼토쿠태자가 죽어 있는 사람을 보고 지었다

고 전해지는 노래다. 이 두 노래의 경우에도 죽음에 관한 직접적인 표현은 보이지 않고, '집에 있으면 사랑하는 이의 팔베개를 베고 있을 당신이 지금은 파도치는 바닷가에서 돌베개를 베고 있다'고, 현실과 가상의 대비를 팔베개와 돌베개라는 소재를 통하여 죽은 자의 가련함을 노래하고 있다.

일본에 불교가 전해지고 화장이 일반적인 장례법으로 자리잡았을 경우에도 죽음을 직접적으로 표현한 예는 없었다.

(전략)

조금도 좋지 않다 살아있으리 생각했던 그대가 재로 변해 있으니

(2권 213: 읍혈애통가)

고모리쿠의 하쓰세 산 주변의 산기슭 찾아 헤매는 저 구름은 그리운 당신일까

(3권 428: 히토마로)

그리운 내 님 진정 구슬이었나 (아시히키노) 맑은 산에 뿌리니 구슬처럼 흩어졌네

(7권1415)

위의 노래에서는 시신을 태울 때 생기는 연기가 하늘로 올라가 구름 속에 사라지고, 타고남은 한줌의 재가 산위에 뿌려지는 모습을 연상할 수 있다. 예로 든 세 번째 노래는 그런 의

미에서 애처롭기까지 하다.

죽음을 애도하는 노래에서 직접적으로 죽음이라는 표현을 사용하지 않는 경향은 죽는다는 사실을 다른 차원으로 옮겨가서 사는 것으로 믿었던, 이 세상에서 살다가 저 세상으로 옮겨 산다고 믿었던 옛 사람들에게서 볼 수 있는 죽은 자에 대한 인간적 대우의 표출이었다고 볼 수 있다.

이처럼 만요 시대 사람들은 죽음을 나타내는 표현을 분명히 구별하여 사용했다. 현실세계에서 진정 죽음을 애도해야 할 상황에 이르러서는 완곡한 표현으로 이제는 이 세상을 떠나 피안의 세계로 옮겨가는 이에 대하여 예의를 갖추어 정중히 표현하였던 것이다.

사랑하는 이를 그리며 부르는 노래

　인류에게 있어 동서고금을 막론하고 중요한 인생사 중 하나가 바로 사랑하는 일이다. 만요 시대 사람들은 사랑에 대해 어떻게 생각하였을까? 그리고 당시에 통용되던 사랑의 감정이 과연 현재 우리들이 늘 사용하는 사랑이란 말로 대치될 수 있으며 우리가 갖는 그런 감정이었을까?

　고대 일본인들은 사랑하는 사람에 대한 감정표현에 있어 '아이[愛:あい]'라는 표현은 사용하지 않았던 것 같다. 용례를 살펴볼 때, 사랑의 감정을 나타낼 때 썼던 언어는 '고이[戀:こい]'였다. 사랑의 의미를 나타내는 '고이'를 『만요슈』에서는 어떻게 표기하고 있을까? 고이를 표기하는 방법은 여러 가지가 있으나 그 중에서 우리의 흥미를 끄는 것이 바로 '고비(孤

悲)'. '고비' 라고 표기하고 '고이' 라고 읽었다. 이 한자가 상징하듯이 만요인의 사랑에 대한 감정을 추측한다면 사랑이란 상대방에 대해 '홀로 슬퍼하며 내뱉는 한탄이었으리라.

사랑에 대한 구체적인 사항을 알아보기 위해서 『만요슈』 안에서 사랑이란 의미의 '고이[戀]와 '사랑하다' 라는 의미를 갖는 '고우[戀ふ]' 의 쓰임을 살펴보면 아주 독특한 표현 형식을 발견할 수 있다. 그런데 이러한 독특한 표현 현상은 번역상으로는 한계가 있기 때문에 부득이 『만요슈』의 원문을 인용하기로 한다.

1) 吾妹兒爾 戀乍不有者 秋芽之 咲而散去流 花爾有猿尾

わぎもこに こひつつあらずは あきはぎの さきてちりぬる はなに
あらましを

사랑하는 이 그리워하기보다 가을 싸리가 피었다가 지듯이 나

그리 되고 싶어   (2권 120)

2) 多知波奈乃 之多布久可是乃 可具波志伎 都久波能夜麻乎 古比須安
良米可毛

橘の したふく風の かぐはしき つくはの山を 戀ひずあらめかも

감귤나무 밑 불어 지나는 바람 향내 피어나는 쓰쿠하 산을 어
찌 그리워 않으리요   (20권 4371)

예로 든 노래에서 볼 수 있듯이, 『만요슈』의 노래를 '고이[戀]'라는 단어를 중심축에 놓고 보면 하나는 '～니(に)'라는 토씨를, 다른 하나는 '～오(を)'라는 토씨를 취하고 있는데, 『만요슈』에서는 1)의 경우가 대부분을 차지하고 2)의 형태는 그 예가 적다. 그나마 『만요슈』에서는 늦은 시기에 읊어진 노래에서 볼 수 있는 현상이다. 또 그리워하는 대상이 사람인 경우에는 반드시 토씨 '니(に)'를 취하고 있고, 그리워하는 대상이 사물일 때에는 오(を)를 취하고 있다.

그렇다면 토씨 '니(に)'는 어떠한 의미를 더해주는 것일까? 이는 단순히 그리워하는 대상을 나타내는 것이 아니라, 그리워하는 감정의 원인을 제공하는 대상을 나타낸다. 그런데 만요 시대 이후 10세기에 이르러서는 이와 같은 양상은 완전히 소멸되어 그리워하는 대상이 사람인 경우에도 토씨 '오(を)'를 사용하고 있다. 이러한 관점에서 보면 토씨 '오(を)'를 취하는 노래의 경우도 설명이 가능하다. 즉 그리워하는 대상에 대해 감정의 변화를 일으키기보다는 그리워하는 대상으로서 단순화 되었으리라.

앞에서도 잠시 소개하였지만, 한 가지 흥미로운 사실은 고대 일본인들은 정작 사망의 의미로는 '죽다[死ぬ]'라는 단어를 사용하지 않았고, '죽다'라는 어휘가 사용된 것은 오로지 사랑의 노래[相聞]에서만 볼 수 있는 것도 하나의 특징이라고 하겠다.

　　당신 그리다 죽은 후엔 그 무슨 소용 있을고 내 살아 있는 동안
　　만나보고 싶어라　　　　　　　　　　　　　　　　　　(11권 2592)

　'사랑'과 '죽음'이라는 어휘가 결합된 대부분의 노래는 위에 예로 든 것처럼 사랑하는 이를 그리워하는 마음은 그냥 죽어버리고 싶은 심정이고, 만약 내가 당신을 그리다 죽는다면 그야말로 덧없는 일로서 그보다는 차라리 내가 살아 있는 동안에 당신을 만나는 것이 좋겠다고, 만나고 싶은 작자의 심정을 상당히 완곡하게 표현하고 있다.

　사랑하는 이에 대한 주체할 수 없는 감정은 홀로 슬퍼하며 내뱉는 한탄이 되고 나아가 그 감정의 발로는 죽음이라는 단계까지 생각하게 된다. 『만요슈』에서 '사랑[戀]'이란 어휘와 결합하여 등장하는 표현 중 가장 많은 부분을 차지하는 것이 바로 '죽음[死]'이라는 표현인 것이다.

　다시 말하자면 상대방을 사랑하는 주체는 본인 자신이겠지만, 사랑한다고 하는 감정의 원인은 상대방이 제공하고 있다는 의미를 더해주고 있는 것이다. 상대방에 의해서 생겨나는 사랑의 감정이 본인에게 있어서는 주체할 수 없는 그리움으로 자리 잡게 되는 것이 고대 일본인의 감정이었던 것이다.

결국 만요 시대의 사랑과 그리움의 감정의 중심은 상대방에게 있어 그로 인하여 괴로워하고 한탄하였던 반면에, 헤이안 시대에 들어와서 사랑이란 자기중심적으로 상대방을 단순한 그리움의 대상으로 생각하는 것으로 변화했다고 볼 수 있다.

서민들의 사랑과 애환

― 아즈마우타와 사키모리의 노래

　　일본 상대문학의 전문가 중에 사이고 노부즈나[西鄕信綱]라는 인물이 있다. 그의 저서 중에 『귀족문학으로서의 만요슈[貴族文學としての万葉集]』라는 책이 있다. 내용은 제목 그대로 『만요슈』의 주요 향유자 및 작자는 귀족이라는 것이다. 이러한 관점에서 『만요슈』 20권 4516수의 작자를 살펴보면, 위로는 왕이나 왕족, 그리고 지방호족이나 관리[官吏]들이 대부분이다. 10세기에 편찬된 『고킨슈』의 작자는 모두 귀족들로 구성되어 있어서 서민들이 발 들여놓을 틈이 없다. 그나마 『만요슈』에서는 고대 일본인, 특히 서민들의 정서를 엿볼 수 있는 와카를 감상할 수 있다.

　　『만요슈』에 수록되어 있는 서민들의 노래는 크게 둘로 나

눌 수 있다. 그 중 하나가 '아즈마우타[東歌]'이고, 다른 하나가 '사키모리[防人]의 노래'다.

'아즈마'란 고대 일본의 동북 지방을 가리키는 말이니까 아즈마우타란 그 지방의 민요라는 의미다. 아즈마우타는 『만요슈』에 230수가 수록되어 있는데, 모두가 작자 미상의 노래다. 노래의 내용은 주로 남녀간의 사랑에 관한 것인데, 여기서 사용된 소재나 표현은 서민적이며 슬직하고, 솔직하나 못해 노골적이며 대담하다. 또한 아즈마우타에는 당시 서민들의 생활상이 그대로 드러나 있다. 주변에서 늘 보아 익숙했던 사항들이 노래 안에 그대로 녹아 있다.

후자의 '사키모리'란 변방을 지키는 군인을 말한다. 당시 일본의 변방은 규슈[九州]였다. 이곳에 설치되었던 최전방 사령부가 바로 다자이후[大宰府]였다. 당시 당(唐)이나 신라의 침공에 대비하여 규슈를 방어할 병사들을 징용하였는데, 바로 그 징용당한 병사들을 '사키모리'라고 한다. 기록에 의하면 사키모리는 3천 명이었다. 이들의 복무기간은 3년이었고, 매년 3천 명의 3분의 1인 천 명씩 교체되었다고 한다. 휴일은 10일에 하루 꼴이었다. 처음에는 각 지역에서 징용하였는데, 나중에는 아즈마 지역에서만 징발하였다. 동북 지방인 아즈마 지방에 사는 서민을 일본의 남단인 규슈로 강제 징용하였으니 징용에 끌려온 사람은 자연히 가족을 그리게 되고, 사키모리의 노래에는 고향을 그리는 그들의 애환이 녹아 있다. 먼저 아즈마우타를 감상해보자.

> 임이 그리워 나 동침하러 가네 가마쿠라 미나의 샛강에는 물밀지 않았을까 (14권 3366)

너무나도 솔직한 노래다. 자신의 감정을 이렇게 직선적으로 표현할 수 있을까? 앞에서도 소개하였듯이 당시의 결혼형태는 방처혼(訪妻婚). 사랑하는 임과 함께 하고 싶어 오늘 저녁 찾아가기로 마음먹었다. 그러나 한 가지 문제가 있었다. 사랑하는 사람의 집으로 가려면 강물을 건너야 했다. 지금처럼 다리가 있었던 것도 아닐 테니까, 남자는 물이 불어나는 것을 걱정하고 있다. 노래에 등장하는 '미나의 샛강'은 지금의 이나세가와[稻瀨川]로, 샛강이기는 하지만 바다와 연결되어 있어서 만조가 되면 물이 불어났다. 재미있는 것은 남의 눈을 의식하기보다 강물 불어날 것을 걱정하고 있다는 점이다. 참을 수 없는 욕정을 달래며 저녁을 기다리면서 강물 걱정을 하는 옛 사람의 소박한 감정이 잘 나타나 있다. 한 수 더 감상해보자.

아시가라의 산신이 무서워서 흐린 밤처럼 안 보이게 감췄던 내

생각 말해버렸네   (14권 3371)

아시가라[足柄]란 지금의 가나가와현[神奈川縣]에 위치한
해발 799미터의 고개다. 옛날 산속의 고개를 생각해보라. 지
금보다 수목도 울창했을 것이고, 여기저기에 지나던 나그네
의 시체도 뒹굴있을 것이나. 옛 사람들이 산 넘어가기를 무서
워했을 것은 당연한 이치고, 당연히 고개를 관장하는 신에 대
한 경외감에 떨었을 것이다. 이 무서운 고개를 무사히 넘어가
려면 고개를 지키는 신에게 자신의 무사안녕을 위하여 뭔가
를 바쳐야 했는데, 이 남자 너무나 무서운 나머지 늘 속으로
만 생각하고 있었던 사랑하는 그녀의 이름을 입 밖에 내고 말
았다. 신에게 사랑하는 사람의 이름을 고하는 것은 신에게 그
녀를 바친다는 의미이다. 노래의 내용은 여기까지지만, 그렇
게 할 수밖에 없었던 자신의 용기 없음에 대한 혐오와 말하지
말았어야 할 사랑하는 임의 이름을 이야기함으로써 혹시나
아시가라 언덕에 있는 신이 내 님을 데리고 가지는 않을까 불
안해하는 심정이 노래의 여정(餘情)으로 밀려온다.

다음으로 사키모리의 노래를 감상해보자.

755년 2월 교대하여 쓰쿠시에 파견된 여러 지방의 사키모리들의 노래

황공하옵신 명을 받자옵고서 내일부터는 풀 안고 자야 하나 사랑하는 이 없이

위의 노래는 구니노미야쓰코를 담당했던 나가노시모노 군(郡)의 장정 아키모치의 작.　　　　　　　　　　　　　　(20권4321)

앞서 설명하였듯이, 지금의 규슈인 쓰쿠시에 파견된 여러 사키모리들의 노래 중에서 아키모치라는 인물이 지은 노래다. 고향에서 떠나올 때의 심정을 읊은 것으로 보인다. 천황의 명을 받고서 집을 떠나 규슈로 향한다. 내일부터는 여행길에서 노숙해야만 하는 신세. 아내의 팔베개가 아닌 풀로 만든 베개를 베고, 길섶의 풀 더미를 사랑하는 임처럼 껴안고 자야하는 착잡한 심정이 잘 나타나 있다.

내 님이 나를 아주 그리나보다 마시는 물에 임 얼굴 떠올라서 잊을 수가 없구나

위의 노래는 서기를 담당한 아라타마 군(郡) 출신의 장정 와카야마토베노 무마로의 작.　　　　　　　　　　　(20권4322)

위의 노래에 대해서는 더 이상 말이 필요 없을 것 같다. 사랑하는 임을 너무나 그리워한 나머지, 목을 축이려고 퍼 올린 바가지의 흔들리는 물 속에서 임의 얼굴을 발견하는 상황이 너무나도 아련하다. 이렇게 사랑하는 가족을 그리는 노래는 다음의 노래에서 더욱 격화된다.

> 나니와즈서 떠날 채비 갖추어 오늘은 정말 떠나가게 될까나 보는 어머니 없이　　　　　　　　　　　　　　　(20권 4330)

여기서 나니와즈란 지금의 오사카 항을 말한다. 당시 각 지방에서 동원된 장정들은 일단 오사카 항에 모여서 규슈로 떠나는 배를 탔다. 작자는 지금 항구에서 오늘일까 내일일까 떠날 날만을 기다리고 있다. 객지에서 홀로 된 작자에게 더욱 그리워지는 것은 떠나올 때 손 흔들어 주던 어머니의 모습. 마치 수용연대에서 배치될 부대로 떠날 날을 기다리면서 이제나 저제나 불안한 마음으로 하루하루를 보내는 신병과 같은 심정이 아닐까?

이처럼 아즈마우타와 사키모리의 노래에는 고대 일본에 살았던 소박하고 순진한 서민들의 입김이 그대로 스며 있다.

순발력과 유머의 결정판 희소가
― 제16권의 와카

『만요슈』는 참으로 다양하다. 조카[雜歌]나 반카[挽歌]와 같은 무겁고 엄숙한 내용의 노래뿐만 아니라 서민들의 노래를 비롯하여 해학이 넘치는 노래도 찾아볼 수 있다. 고금을 막론하고 어느 시대에도 이『만요슈』제16권만큼 독특한 내용을 담고 있는 것은 없다. 점잖은 와카를 짓는 사람들에게는 절대로 모방해서는 안 될 노래의 집합소가 바로 제16권이다. 그래서 헤이안 말기의 가인인 후지와라 슌제이[藤原俊成]는 가인이 절대로 따라 해서는 안 되는 예로『만요슈』제16권을 들고 있다. 이처럼 제16권에는 소위 '희소가(戲笑歌)'라고 부르는 골계(滑稽)적인 내용을 가진 기상천외한 노래로 가득하다. 제16권에는 이러한 노래가 총 104수 실려 있는데, 이 중에서 사물을 소재로 노래한 것을 몇 수 살펴보자.

> 인베노 오비토가 여러 가지 물건을 읊은 노래 한 수
>
> 탱자나무의 가시 잘라 거둬서 곳간 만들리 용변 멀리서 보게 빗
>
> 만드는 아낙아　　　　　　　　　　　　　　　　　(16권 3832)

　아무런 설명 없이 위의 노래를 본다면 도대체 무슨 내용의 노래인지 알 수가 없다. 『만요슈』의 제16권에 수록되어 있는 와카의 경우 많은 노래가 좌주(左注)를 가지고 있어서, 해당 노래를 이해하는 데에 도움을 준다. 그러나 위의 인베노 오비토의 노래는 아무런 설명이 없다. 그런데 이 노래 앞에 다음과 같은 노래가 배열되어 있다.

> 나가노 이미키 오키마로의 노래 8수
>
> 자루 냄비에 애들아 물 끓여라 이치히쓰의 노송다리 건너올 여
>
> 우한테 끼얹게　　　　　　　　　　　　　　　　　(16권 3824)

　이 노래 이후 이어지는 3825에서 3831까지도 3824처럼 도저히 내용을 알 수 없는 노래가 이어진다. 그런데 3824 이후에 이어지는 일련의 노래를 이해하는 데 중요한 힌트를 제공하는 것이 3824의 좌주다. 그 내용을 소개하면 다음과 같다.

오른쪽의 노래(3824)는 전하여 이르기를 '언젠가 사람들이 모여서 연회를 열었다. 물시계가 삼경을 알릴 즈음에 여우의 울음소리가 들렸다. 그래서 회중들이 오키마로에게 권하여 "여기에 있는 식기, 용구, 여우 울음소리, 하천, 다리 등의 물건을 들어 노래를 지어보시오"라고 했더니 즉시 응하여 이 노래를 지었다'고 한다.

내용을 정리해보자. 연회가 무르익어 한창 분위기가 고조되었다. 시간도 이미 자정을 넘기고 있었다. 삼경을 알리는 물시계 소리가 들리고 이어서 여우 우는 소리가 들렸다. 그때, 연회에 참석했던 회중들은 흥을 돋기 위해 오키마로에게 별난 주문을 던진다. 당신 앞에 있는 그릇, 그리고 여우울음소리, 하천, 밥통 등의 어휘를 사용하여 노래 한 수 지으라고. 여기서 만약에 "난 못해" 했다가는 망신도 망신이지만, 분위기가 깨질 판이다. 그러나 옛날 풍류를 아는 사람은 이런 것쯤은 식은 죽 먹기. 팬들의 성원에 즉시 대답하였다. 당시 앞에 놓인 물건이나 주어진 상황을 노래 한 수에 도입하여 연회의 분위기를 고조시키는 것이 이런 종류의 노래였다. 그러기 위해서는 비록 저속하기는 하지만 순발력과 재치가 엿보여야 하고, 내용도 재미있어서 그 자리에 모인 모든 회중들이 배꼽을 잡고 웃을 수 있는 노래를 지어야만 했다.

그렇다면 만약에 앞에서 소개했던 인베노 오비토의 노래

에 좌주가 달려 있었다면 다음과 같은 내용이 아니었을까?

전하기를, '어느 날 연회가 있었다. 연회가 있었던 곳은 탱자나
무로 울타리를 한 집이었다. 울타리 너머로 빗을 만드는 아낙들
의 모습이 보인다. 근처에 곳간도 보인다. 회중 가운데 한 사람
이 인베노 오비토에게 "탱자나무, 아낙네, 곳간이라는 말을 넣
어 노래를 지어보시오"라고 하자, 그 자리에서 노래를 지었다'
라고 전한다.

이러한 종류의 노래는 헤이안시대의 『고킨슈[古今集]』에 이
르러서는 '모노노나[物名]'라는 분류명 아래 수록된다.

지금까지 소개했던 노래처럼 사물의 이름을 자신의 노래
속에 넣어서 와카를 지음으로써 순발력과 유머를 보여주는
것 말고도, 제16권에는 웃음이 가득하다.

이케다노 아소미, 오미와노 아소미 오키모리를 비웃으며 지은 노래
절마다 있는 여아귀(女餓鬼) 말하기를 오미와라는 남자아귀 얻
어서 아이 낳자고 하네
(16권 3840)

오미와노 아소미 오키모리의 비웃음에 답하는 노래

불상 만드는 붉은 흙 모자라면 물 고여 있는 이케다노 아소미

코 위 파서 쓰게나   (16권 3841)

이 정도 되면 웃음이 아니라 싸움도 벌어질 정도이다. 여기에 등장하는 두 사람. 역사적으로는 누구인지 명확하지 않다. 어쨌든 사이가 안 좋은 두 사람은 만나면 언제나 으르렁거렸다. 이케다가 먼저 포문을 열었다. 빼빼 마른 오키모리를 아귀(餓鬼)에 비유하였다. "절에 가면 볼 수 있는 여자 아귀상(像)이 댁 보면 결혼하자고 덤벼들 것 같소이다" 하고 이케다가 오키모리를 보고 비아냥거린다. 이에 물러날 오키모리가 아니다. 상대방인 이케다는 빨간 코의 소유자. 3구의 '물 고여 있는' 이란 다음 구에 등장하는 이케다[池田]의 '이케' 가 연못이라는 의미로, 이 말을 이끌어 내기 위한 마쿠라고토바[枕詞]다. 예로부터 불상을 만들 때 채색용으로 붉은 흙이 사용되었다. 이렇게 두 사람의 노래는 증답(贈答)의 형태를 취하면서 읽는 이로 하여금 웃음을 자아내게 한다. 후세의 헤이안 와카에서는 찾아볼 수 없는 유머가 『만요슈』에 숨어 있다.

야카모치를 둘러싼 『만요슈』의 여류가인

『만요슈』에 수록되어 있는 와카는 4516수. 이중 여성이 지은 와카는 얼마나 될까? 『만요슈』 20권 중, 작자명이 명기된 것 이외에 다이시[題詞] 또는 좌주 등을 통해서 확인할 수 있는 것까지 포함하면, 여성이 지은 노래는 430수로, 남자가 지은 와카의 약 1/4에 해당된다. 여류가인의 수는 130명 정도로, 이는 남자 가인의 약 1/3에 해당된다.

만요슈의 여류작가로 유명한 사람은 역시 제1기의 가인 누카타노 오키미[額田王]라고 하겠다. 그 외에 제3기의 대표가인 다비토[旅人]의 이복동생인 사카노우에노 이라쓰메[坂上郎女]와 『만요슈』의 최종 편찬자인 오토모노 야카모치[大伴家持]와 그 주변의 여성들을 빼놓을 수 없다. 사카노우에노 이라쓰메는 만요슈에 79수의 와카를 남기고 있는 비중 있는 가인이지만, 여기서는 야카모치와 직접적인 교류를 가졌던 인물들을 중심으로 살펴보자.

야카모치는 많은 여성과 노래를 주고받기도 하고 함께 읊기도 했다. 『만요슈』에서 야카모치와 관계있는 여자는 총 13명. 주로 야카모치의 나이 16세에서부터 25, 6세 사이에 만난 여자들이다. 그 중에서 먼저 주목할 여성은 3명으로 사카노우에노 오이라쓰케[坂上大孃]·가사노 이라쓰메[笠女郎]·기노 이라쓰메[紀女郎]다.

사카노우에노 오이라쓰메는 야카모치의 아내다. 원래 두 사람은 사촌지간으로, 당시에는 사촌과도 결혼이 허락되었다. 나이로는 오이라쓰메가 야카모치보다 서너 살 아래였다. 이 두 사람은 어릴 때부터 가까이 지내던 사이였다. 야카모치는 일찍이 장래의 아내감인 오이라쓰메에게 와카를 지어 보냈다.

> 야카모치가 사카노우에노 집안의 오이라쓰메에게 보낸 노래 한 수
> 내 집 뜨락에 뿌려 둔 패랭이꽃 어느 때에나 꽃을 피우려는가
> 당신 삼아 보고픈데 (8권 1448)

오이라쓰메 12, 3살 때 야카모치가 지어 보낸 노래다. 어릴 적부터 야카모치는 이미 아내 될 사람에게 호감을 갖고 있었다. 『만요슈』에서 패랭이꽃을 읊은 와카가 26수 등장하는데, 이 중 11수가 야카모치의 작품이다. 야카모치는 패랭이꽃을 자신의 생각을 표현하는 소재로 애용하였다. 야카모치는 오이라쓰메에게 이런 노래도 보냈다.

야카모치가 같은 사카노우에노 집안의 오이라쓰메에게 보낸 노래 한 수

당신이 바로 패랭이면 좋겠네 나 아침마다 그 꽃 손에 들고서 항상 그리워하리　　　　　　　　　　　　　　　(3권 408)

이런 노래를 받고, 오이라쓰메도 가만있지 않았다.

오토모 사카노우에노 집안의 오이라쓰메가 야카모치에게 보낸 노래 4수

살다가 보면 만날 날도 있겠지 그런데 당신 어찌 죽는다 하며 꿈속에서 보일까　　　　　　　　　　　　　　　(4권 581)

사내인 당신도 그립다 말하지만 여린 아낙이 그리는 그 마음에 견줄 수가 있을까　　　　　　　　　　　　　　　(4권 582)

남색 빛깔이 쉽게 빛바래듯이 맘 바뀌었나 내 사랑하는 그대 소

식도 주지 않네   (4권 583)

가스가 산에 아침마다 구름 끼듯이 언제나 보고 싶어 생각나는

그대여   (4권 584)

이렇게 두 사람은 젊은 날부터 뜨거웠다. 두 사람은 결혼

하여 알콩달콩 살다가 739년에 아내가 먼저 세상을 떠난다.

그해 6월 야카모치는 죽은 아내를 위하여 슬픈 심정으로 노

래를 읊었다.

이제부터는 가을바람 차갑게 불어오련만 어찌하여 혼자서 기나

긴 밤 보낼고   (3권 462)

다음으로 가사노 이라쓰메[笠女郎]에 대하여 살펴보자. 야

카모치와 교류가 있던 여성 중 작가(作歌)에 있어 최고의 기

량을 보인 여성이다. 그녀의 출신에 대해서는 분명하지 않으

나 두 사람의 교류는 상당히 일찍부터 시작되었다고 보이는

데, 『만요슈』에는 전부 그녀가 야카모치에게 보낸 노래만이

수록되어 있다. 전반적으로 야카모치에 대한 열렬한 사모의

정을 노래에 담고 있다. 총 29수의 노래가 전하고 있는데, 이

에 대해 야카모치가 답한 노래는 2수에 불과하다.

　가사노 이라쓰메의 심정이 잘 나타나 있는 노래를 감상해 보자.

　　모든 이에게 자라고 일러 주는 좋은 치건만 당신 생각 때문에

　　잠들지 못합니다　　　　　　　　　　　　　　　　(4권 607)

　　마음도 안 주는 사람 그리워함은 큰절에 있는 아귀의 엉덩이에

　　절 올리는 것 같아　　　　　　　　　　　　　　　　(4권 608)

　가사노 이라쓰메가 야카모치를 사모하는 마음이 느껴지는 듯하다. 이 두 사람은 머지않아 헤어지게 되는데, 그 이유는 이라쓰메가 도읍지에서의 임무를 마치고 고향으로 돌아갔기 때문이었다. 당시에 여성의 신분으로 수도에 일정기간 체류할 수 있었다는 것으로 보아 그녀는 가새[笠]집안에서 수도에 파견한 여성 관리였을 것으로 추측된다. 이라쓰메가 고향으로 돌아간 후, 야카모치는 자신의 심정을 이렇게 토로하고 있다.

　　이제 다시는 그대 못 만나리라 생각해설까 내 가슴은 무겁고 개

　　운치 아니하네　　　　　　　　　　　　　　　　(4권 611)

그냥 그렇게 잠자코 있길 잘했네 어째서 둘은 만나기 시작했나

이루지도 못할 것을 　　　　　　　　　　　　　　　　　(4권 612)

　마지막으로 기노 이라쓰메[紀女郞]를 살펴보자. 기노이라
쓰메와 야카모치의 교정(交情)은 가사노 이라쓰메보다 늦은
시기였다. 만요슈에 그녀의 와카는 12수 전하고 있으나 야카
모치와의 증답은 총 5수이다. 그녀와 야카모치와의 관계는
앞의 가사노 이라쓰메와의 그것과 조금 다른 듯하다. 가사노
이라쓰메는 야카모치에 대하여 황송해하면서도 열렬한 사랑
을 표현했지만, 야카모치와 기노 이라쓰메는 서로 그다지 진
지하지 못하고 유희적인 느낌을 주고 있다.

　기노 이라쓰메가 야카모치에게 보낸 노래 2수

　당신을 위해 내 손 쉬지 못하고 봄 들녘에서 뽑아온 띠 꽃이요

　드시고 살찌세요 　　　　　　　　　　　　　　　　(8권 1460)

　낮에 피었다 밤에는 임 그리며 자는 합환목 나만 봐서 좋을까

　나누어서 봅시다 　　　　　　　　　　　　　　　　(8권 1461)

　위 노래는 합환목과 띠 꽃을 꺾어 보낼 때 지은 것임

꽃을 꺾어서 상대방에게 보낸다는 것은 예나 지금이나 많은 의미가 포함되어 있는데, 여기서는 전반적으로 진지한 느낌이 없다.

야카모치가 보낸 와카 2수

내 님을 소인 무척 그리나보오 보내준 띠 꽃 먹고 있는데도 점점 더 말라 가네   (8권 1462)

내 님이 보낸 정표의 합환목은 꽃만 피우고 아마도 열매만은 맺히지 않으리라   (8권 1463)

야카모치를 둘러싼 여성들의 노래는 시기적으로는 제4기에 속한다. 전부 살펴보지는 못했지만 이 시기는 만요슈가 문학적으로 원숙한 경지에 이른 시기로, 이러한 원숙함은 다음 시대인 헤이안시대의 여성들의 노래로 발전하게 된다.

『만요슈』를 통해 본 일본의 연중행사

　　앞에서 '『만요슈』는 고대 일본을 알 수 있는 백과사전 내지는 거대한 박물관'이라고 했다. 정말로『만요슈』에는 고대 일본의 생활습관이나 행동의식 등이 옛 사람의 진솔한 표현을 통해 그대로 남아 있다. 고대 일본인의 자연관, 사생관에서 농경, 어로생활에 이르기까지, 무엇이든지『만요슈』의 와카를 통하여 찾을 수 있다. 여기서는『만요슈』를 통하여 일본 궁중의 주요 연중행사를 살펴보기로 하자.

　　고대 일본에서 국가적으로 정하여졌던 절일(節日)은 1월 1일[元日節會], 1월 7일[白馬節會], 1월 16일[踏歌節會], 3월 3일 [上巳節會], 5월5일[端午節會], 7월 7일[相撲節會], 그리고 11월 24일경에 행하여지는 이른바 추수감사절인 '니이나메사이

[新嘗祭]'였다. 이날 궁중에서는 각각의 의례가 있었고 연회가 이어졌다.

원일절회(元日節會)

우선 정월 초하루, 조정에서는 신년하례식이 거행된다. 『속일본기(續日本紀)』등에 소개되어 있는 내용을 보면 왕이 대극전(大極殿)에 납시고 왕족이나 당상관들은 예복을 갖추어 입고, 그 이하의 사람들은 집무용 조복(朝服)차림으로 인사하는 행사가 있었다고 한다. 그러나 이 행사는 날씨가 나쁜 경우에는 그 다음날에 거행되기도 했고, 국상(國喪) 중에는 생략되기도 하였다. 식이 거행된 후에는 연회가 있었다. 지방 관청에서도 이에 준하는 행사가 있었으며, 지방관아에서도 신년행사 후 연회를 베푸는 것이 허락되었다. 『만요슈』의 마지막 노래인 4516이 바로 그런 상황에서 읊어진 와카다. 앞에서 인용하였지만 다시 한번 인용하기로 한다.

> 3년 정월 초하루 이나바 지방의 현청에서 지방 관리들과 함께한 연회에서 지은 노래 1수
>
> 새로운 해가 처음 시작되는 날 초춘인 오늘 내리는 이 눈처럼 좋은 일 쌓이거라

서기 759년 작가 야카모치 42세를 맞이한 새해 첫날에 지은 노래로 이날 눈이 내리는 가운데 신년축하 연회가 있었음을 이 노래를 통해서 확인할 수 있다.

아오우마절회[白馬節會]

신년하례식에 이어 1월 7일에 행사가 있었는데, 이름 하여 '아오우마' 절회[白馬節會]. '아오우마'는 '청마(靑馬)'라 표기하기도 하고, '백마(白馬)'로 표기하기도 하였는데, 실제로는 어떤 색이었는지 『만요슈』를 통해서 알아보자.

> 물새 색 띠는 오리깃털 빛깔의 '아오우마'를 오늘 보는 사람은 수명 무한하다네

> 위의 노래는 7일에 있을 연회를 대비하여 야카모치가 미리 이 노래를 지어 놓았다. 그러나 인왕회가 있는 바람에 6일에 신하들을 불러 술을 내리고 연을 베풀고 녹을 주었기 때문에 이 노래를 진상하지 못했다.　　　　　　　　　　　　　　(20권 4494)

결국 위의 노래에서처럼 '오리깃털 빛깔'이 아오우마의 색이다. 오리털은 어떤 것일까? 아오우마란 흰 바탕에 회색의 얼룩이 섞인 것으로 전체적으로는 회색을 띠면서 보기에

따라서는 흰색으로 보이기도 하고 푸른색으로 보이기도 하는 말을 말한다.

노래의 좌주에서 볼 수 있는 7일이란 1월 7일로, 이날 궁중에서 행하여졌던 아오우마절회란 좌우마료(左右馬寮) 양쪽에서 백마 21마리를 정원으로 끌어내어 행진하면 이를 왕이 보는 의식을 말한다. 이 행사에 관한 기록은 헤이안시대의 수필인 『마쿠라노소시[枕草子]』에도 소개되고 있다.

『만요슈』의 표현을 통해 보면 위의 노래의 '오리깃털 빛깔'은 봄을 상징하는 색으로, 1월 7일의 1과 7이라는 숫자가 양(陽)이기 때문에 이러한 양일(陽日)에 봄 빛을 띤 말을 봄으로써 한 해의 사악한 기운을 제거하려는 목적이 있었던 것으로 보인다.

아오우마절회의 공식행사가 끝나고 나면 연회가 이어졌다. 연회에서는 술과 음식이 차려지고 관현과 한시, 그리고 와카를 짓는 일이 베풀어졌다. 그래서 야카모치도 7일 연회를 대비해서 준비성 있게 노래를 준비해 놓았는데, 천하태평과 만민의 복을 기원하는 인왕경[仁王護國般若波羅蜜多經]을 강의하는 법회가 겹치는 바람에 절회에서 노래를 헌상하지 못했음을 위의 노래로 확인할 수 있다. 야카모치가 41살 되던 해인 758년에 있었던 일이다.

상사절회(上巳節會)

다음으로 3월 3일 상사절회(上巳節會)에 대하여 살펴보자. 상사(上巳)란 중국에서 음력 3월 첫 번째 사일(巳日)에 목욕재계하여 부정을 털어버리는 관습을 말한다. 이를 일본에서는 3월 3일로 고정시켰고 궁중의 절일로 지켰다. 이날 있었던 행사가 바로 곡수연(曲水宴)이다. 곡수연이란 궁중의 후원(後苑)에서 음력 3월 3일에 벼슬아치들이 굽이굽이 흐르는 물가에 자리를 잡고앉아 상류에서 임금이 띄운 술잔이 자신의 앞을 통과하기 전에 시가(詩歌)를 짓고 잔을 들어 마신 후에 다음으로 잔을 떠내려 보내는 것으로, 중국에서는 수당(隋唐)의 귀족 문사(文士)들 사이에서 행해지던 놀이였다. 신라시대의 포석정이 바로 그것. 일본의 경우 가장 이른 기록은 『니혼쇼키』에서 찾아볼 수 있는데 485년 겐쇼기[顯宗紀] 원년 3월 3일 조(條)에 임금이 후원에서 곡수연을 주최하였다는 기록을 찾아볼 수 있다.

『만요슈』에서는 궁중에서 행해졌던 곡수연에 관한 것은 찾아볼 수 없지만, 그 대신 지방관아에서 행해졌던 곡수연에 관한 7언시와 와카가 수록되어 있다. 『만요슈』의 최종 편찬자 야카모치는 746년(天平18년) 7월, 29세의 나이로 엣츄[越中: 지금의 도야마 지역]의 지방관으로 부임한다. 그러나 이듬해 2월에 중병에 걸리는 바람에 3월 3일 행사에 참석치 못하게 되었다. 이에 야카모치는 연회에 참석치 못하게 되는 아쉬움을 그의 먼 친척이며 동료인 이케누시[池主]에게 다음과 같은 와카를 지어서 알린다.

참석할 만한 여력 내게 없기에 칩거하면서 자넬 그리워함에 마음 둘 곳 없도다　3월 3일 오토모노 스쿠네 야카모치(17권 3972)

『만요슈』에서는 이 와카에 이어서 이케누시 앞으로 3월 3일에 보낸 칠언시와 서문을 수록하고 있다.

칠언시 만춘유람(晩春遊覽) 1수 및 서(序)

3월 3일 가절에는 모춘의 아름다움이 있습니다. 복숭아 빛 뺨에 비치어 분홍색으로 물들고, 버들은 이끼 색 머금고서 이끼와 그 푸른 색 겨루고 있군요. 이러한 때에 나는 친구와 손잡고 멀리 강 언덕 바라보며, 술을 구하려 저 멀리 야인의 집을 찾습니다. 이미 거문고와 술을 마음껏 즐기고, 군자와의 교제도 즐기고 있습니다. 아아, 오늘 정녕 아쉬운 것은 현자가 적다는 사실일까요? 문장으로 적지 않으면 오늘 이 마음을 어찌 펼칠 수 있을까 하여 서둘러 졸필로 4운 8구의 시를 적었습니다.

모춘의 고운 날은 감상하기에 어울리고 3월 3일의 풍광은 유람

하기에 족하다

버드나무 강가에 줄지어 입은 옷을 물들이고 도원은 바다로 통하며 신선의 배 띄우네

구름 문양 새긴 술잔은 맑은 술에 잠기고 깃털 모양 술잔은 술 권하며 구곡을 흘러간다

도연히 취하여서 모든 것 잊어버리고 취한 발걸음에 망설이는 곳 없도다

이번에는 곡수연의 모습을 묘사한 와카를 살펴보자.

3일 오토모 스쿠네 야카모치의 관사에서 있었던 연회가(歌)

중국 사람도 배를 띄워 놓고서 논다는 오늘 자! 여러분 우리도 화관 쓰고 놀아보세   (19권 4153)

750년 3월 3일 야카모치 나이 33세에 있었던 곡수연의 모습을 표현하고 있다. 여기서 배를 띄우고 노는 것은 바로 술잔을 물위에 띄우는 일. 그리고 화관을 만들어 쓰는 일은 '하나미[花見]'나 우타가키[歌垣]의 장면에서도 볼 수 있는 것으로 일종의 주술적 의미도 포함하고 있었다. 만물이 소생하고 꽃이 만발하는 봄의 최절정기에 고운 옷으로 단장하고 술과 관현을 즐기며 시를 짓는 지방 관리들의 모습이 눈에 보이는 듯하다

단오절회(端午節會)

여름의 행사로 빼놓을 수 없는 것이 바로 5월 5일 단오절에 행하여진 행사다. 중국의 『형초세시기(荊楚歲時記)』에 의하면 단오절을 욕란절(浴蘭節)이라고도 불렀다. 욕란절(浴蘭節)이라는 말에서 알 수 있듯이, 중국에서는 난초를 욕조에 띄워서 그 우러나온 물로 목욕을 하였고, 쑥을 뜯어 인형을 만들어 문에 걸어 액운을 막았다. 그리고 사람들은 들에 나가 약초를 뜯기도 하고 풀밭을 밟으며 하루를 보냈다.

이러한 중국의 풍속이 일본에 전해져서 궁중에서도 이를 모방한 여러 가지 행사가 이루어졌다. 궁중에 출입하는 사람들은 창포로 머리장식을 해야만 했고, 궁중의 처마 밑에 창포를 매다는 풍습이 있었다. 이는 창포의 향기가 화재를 막아준다고 믿었기 때문이다.

『만요슈』안에서도 고대 일본인의 단오절의 모습과 풍습을 엿볼 수 있다.

〈전략〉

뻐꾸기 날아와 우는 오월에는 창포와 함께 감귤 꽃을 하나로 약 옥에 꿰어 혹은 섞어 엮어서 화관 만들어 쓰고

〈후략〉   (3권 423)

여기서 '약옥(藥玉)'이란, 향료를 비단주머니에 넣어 구슬처럼 둥글게 만든 것으로 그 위에 온갖 색실로 수를 놓고, 그 위에 창포나 감귤 꽃을 꽂았으며 둥그런 주머니 아래에는 다섯 가지 색의 실을 길게 늘어뜨려 장식을 한 것으로 『형초세시기』에서 쑥으로 만든 인형을 문에 걸어 놓는 풍습의 변형이다.

그리고 『형초세시기』의 기록에서 보이는 야외에서의 약초채집 행사는 일본에 들어와 본격적인 궁중의례로 자리 잡는다. 다음에 소개하고자 하는 구스리가리[藥狩]가 바로 그것이다.

'구스리가리[藥狩]'란 한자 표기가 말해주듯이 약재(藥材)를 채취한다는 의미다. 고대 일본의 왕실에서는 천황을 비롯한 조정 신하들이 봄철에 보양을 위한 약재채취 행사를 가졌다. 구스리가리에 관하여 전하는 기록을 살펴볼 때, 구스리가리는 단순한 약재채취 행사가 아니라 궁중의 모든 백관들이 천황을 수행하는 궁중의식 중의 하나였다. 각기 직위에 맞게 복식을 통일하고, 한껏 모양을 내고는 들에 나가 약초는 물론 염료, 그리고 새봄에 자라난 어린 녹용을 채취하였다. 다음의 와카에서 그런 정취를 엿볼 수 있다.

제비붓꽃을 옷에 물들이고는 대장부들이 차려입고 사냥하는 달이 돌아왔구나

(17권 3921)

7월 7일(相撲節會)

일년에 한 번 은하수를 사이에 두고 만난다는 견우와 직녀의 이야기. 지금은 옛날이야기 정도로 무심코 지나가는 칠석이지만 고대 일본인들, 특히 궁정(宮廷)을 중심으로 하는 귀족 사회에서는 빼놓을 수 없는 날이었다. 칠석에 관한 전설은 원래 고대 중국의 한중(漢中) 지역을 동북에서 남서로 가로지르며 흘러가는 한수(漢水) 지역에 전해지던 이야기였다. 베짜기를 천직으로 삼고 있는 처녀인 직녀와 소를 이끌며 농사를 짓는 젊은 청년 견우와의 사랑이야기. 가을 밤하늘을 동북에서 남서로 가로지르는 은하수에 투영된 것이 바로 칠석전설의 원형이다. 이러한 이야기가 중국의 중양(重陽)사상과 결합함으로써 민중에게 보급된 행사가 바로 칠석이며, 한국과 일본에도 칠석과 관계 있는 행사가 전하여졌다.

그렇다면 일본에서는 어떠한 행사가 벌어졌을까? 칠석에 관한 기록을 살펴보면, 칠석날 천황은 씨름을 관람하고, 저녁에는 문인들에게 시연(詩宴)을 베풀고 상을 내렸다. 여기서 궁금한 점 하나. 한국인이 알고 있는 견우와 직녀 이야기의 구조인 오작교 위에서의 만남은 과연 일본의 경우도 적용될까? 이 부분에 있어 중국과 한국 그리고 일본의 구도는 서로 다르다. 일본에서 칠석의 수용현상은 아주 흥미롭다. 일본의 시가(詩歌)에는 칠석을 주제로 한 한시(漢詩)와 와카[和歌]가

공존한다. 한시는 중국의 경우와 마찬가지로 직녀가 견우를 찾아가는 것으로 되어 있는 반면, 와카의 경우는 이와 반대로 견우가 직녀를 찾아가는 것으로 설정 되어 있다. 한시와는 달리 와카에 이르러 은하수를 건너는 주체가 바뀌게 되는 것이다. 와카나 한시에 있어 이러한 설정은 어김없이 적용된다.

칠석

흐르는 은하 물밑마저 빛나는 배 대어놓고 배에 있던 사람은 사랑하는 임 만났을까   (10권 1996)

내 사랑하는 임 그리워 할 제에 은하수 위를 밤배 저어 건너는 노 소리 들려오네   (10권 2015)

『만요슈』에서 칠석에 관한 두 수의 와카를 인용하였다. 전자는 칠석날 저녁 연회의 자리에서 밤하늘을 바라보면서 시상(詩想)을 은하수로 연장시킨 와카로, 제3자적 입장에서 지어진 것이다. 후자는 직녀의 입장에서 지은 와카로, 그리워하는 임의 대상은 당연히 견우다. 이 두 와카에서 볼 수 있듯이, 와카에서는 도하(渡河)의 주체가 한시(漢詩)와는 달리 견우이며, 도하 수단으로 수레를 타고 오작교를 건너는 것이 아니라 배를 타고 은하수를 건넌다. 견우가 배를 타고 직녀를 만나러 오는 상황은 다음과 같은 와카를 통해 명확히 파악할 수 있다.

> 흐르는 은하 안개 피어오르고 견우가 젓는 노 소리 들려오네 밤이 깊어 가기에 (10권 2044)

여기서는 견우가 직접 노를 저어 직녀를 만나러 오는 상황을 노래하였으나, 경우에 따라서는 견우가 직접 노를 젓지 않고 은하수를 왕복하는 사공을 등장시키는 경우도 있다.

> 뱃사공이여 빨리 배를 젓게나 한 해 동안에 두 번 오갈 수 있는 내 님 아니기에 (10권 2077)

중국이나 한국과는 달리 은하수를 실제 하수(河水)인 양 배를 등장시키는 발상도 일본적 변용의 특징으로 꼽을 수 있겠지만, 그보다도 더욱 우리의 흥미를 이끄는 것은 도하 주체가 완전히 바뀌었다는 점일 것이다. 동일한 공간에서 동일한 시기에 지어진 시가가, 한시의 경우는 중국과 동일한 발상을 답습하면서 와카의 경우만 독특한 변환을 갖게 되는 것은 주목할 만한 점이다. 어째서 와카에서는 이러한 독특한 경우가 생겨날까? 그 해답은 당시 고대 일본의 결혼 풍습이 남자가 여자 집에 드나드는 형태였기 때문이다.

니이나메사이[新嘗祭]

'니이나메' 란 궁궐 안에서 매년 음력 11월의 묘일(卯日)에 행하여진 의례로서, 그해에 거둬들인 신곡(新穀)을 여러 신에게 바치고 천황 자신이 그것을 먹는 행사였다. 이른바 추수감사절이라고 할 수 있는 이 행사는 고대 농경사회에서는 중요한 일이었다. 『만요슈』 제19권 4273번에서 4278번에 이르는 일련의 6수는 당시의 상황을 유추할 수 있는 자료를 제시해준다. 우선 연속되는 앞의 4수를 살펴보자.

> 25일 니이나메사이에 천황이 베푼 연회에서 조칙에 따라 지은 와카 6수
> 천지 더불어 번영하기 바라며 신곡신전(新穀神殿)을 섬기어 모시는 일 귀하고도 기쁘다   (19권 4273)
>
> 하늘로부터 많은 줄 드리워 만대(万代)에까지 다스리기 바라는 많은 줄 드리웠네   (19권 4274)
>
> 천지 더불어 오랜 시간 동안을 만대에까지 섬기어 모시리라 혹주 백주 만들어   (19권 4275)

궁전 뜨락에 눈부시게 빛나는 감귤 꽃 꺾어 머리에 장식하고 섬

기는 대신들 모습 (19권 4276)

위의 와카를 토대로 살펴보면, 753년 음력 11월 25일에 니

이나메사이가 있었고, 니이나메사이가 거행되었던 장소는

궁궐의 동원(東院)에 해당된다. 동원은 아마도 의식이나 연회

의 장소로 사용되었던 궁전의 일부분이었을 것이다. 4274를

통해서는 신전의 내부 모습을 상상할 수 있다. 여기서 하늘이

라는 것은 천장을 말하는 것으로, 하늘을 상징하는 천장에서

부터 수백 가닥으로 드리워진 끈은 마치 오늘날의 축하연장

을 연상케 한다. 이렇게 끈을 묶어 드리우는 것은 왕의 장수

를 기원하는 것이었다.

그리고 신전에는 검은 빛이 나는 술과 흰 술을 바쳤다. 흑

주와 백주가 어떠한 용도에 쓰였는지 분명하게 알 수 없지만,

『엔기시키[延喜式]』라는 책에 의하면, 술이 익은 후 우리말로

'누리장나무, 취목(臭木), 취오동(臭梧桐), 해주상산(海州常

山)' 등으로 부르는 나무의 재(灰)를 술 한 동이에 3되의 분량

으로 타서 술을 검게 하였고, 이와는 달리 아무것도 섞지 않

은 것은 백주라 하였다.

또한 4276번에서는 의례에 참가한 관리들의 모습을 찾아

볼 수 있는데, 머리에 꽃을 꺾어 꽂는 행위는 고대 일본사회

에서는 흔히 찾아볼 수 있는 축하행위의 하나로 이 경우에도 예외가 아님을 알 수 있다. 이러한 의례가 치러진 후에는 뒤풀이의식이 있었던 것 같다. 뒤풀이는 조금은 여유 있게 진행된 것 같았다.

> 소매 흔들며 자! 우리의 정원으로 꾀꼬리 새가 가지마다 옮기며
> 떨구는 매화 보러   (19권 4277)

> 산속 그늘에 자란다는 석송을 머리에 쓰고 게다가 매화마저 즐
> 기려 하는 걸까   (19권 4278)

4277번은 의식에 참석했던 이들이 의식용 정장의 넉넉한 옷소매를 흔들며 미리 준비된 연회장인 '우리들의 정원'으로 꾀꼬리 울고 매화꽃 구경을 가자고 권유하는 와카로, 의례가 끝난 후 술과 음식이 곁들여진 화원에서 연회가 있었음을 상상할 수 있다.

위의 노래에서 이상한 점 하나는 니이나메사이가 개최된 날은 음력 11월 25일로, 양력으로 환산한다면 1월 7일경인데, 이 때에 꾀꼬리가 울고 매화가 필 리가 없다. 이것은 위의 상황이 실제의 경치를 노래한 것이 아니라, 엄숙한 의식의 자리에서 풍아한 연회의 장소로의 이동을 권하는 상투적인 표

현이라는 것을 알 수 있다. 이어서 마지막에 놓인 4278번에서 야카모치는 '이렇게 경사스러운 날 연회까지 즐긴다면 더 할 나위 없을 것'이라고 이날 연회에 참석했던 체험을 그대로 표현하고 있다.

이상으로 『만요슈』를 통하여 고대 일본사회의 궁중에서 행하여졌던 연중행사에 관하여 살펴보았다. 4516수라는 방대한 양의 자료원인 『만요슈』는 우리에게 수많은 내용의 정보를 알려주고 있어서 『만요슈』를 통해서도 고대 일본사회의 일면을 충분히 밝힐 수 있다고 생각한다.

4장

『만요슈』편찬,
그로부터 천이백 년

국풍암흑시대와 『만요슈』

『만요슈』에 수록되어 있는 와카 중 가장 나중에 지어진 것이 759년 정월에 지어진 것이고, 최종 편찬자인 오토모노 야카모치가 785년에 타계하였으므로, 현존하는 『만요슈』의 최종 편찬 시기는 759년 이후 785년 이전이 될 것이라는 이야기는 이미 앞에서 서술하였다. 여기서는 편찬 이후 『만요슈』가 후세에 어떻게 수용되어 갔는지에 대해 알아보자.

야카모치가 타계한 785년을 기준으로 볼 때, 일본은 중국문화의 전성시대였다. 700년대 초부터 시작된 견당사의 파견과 그로 인한 중국문화의 도입은 당시 일본에 있어서는 찬란한 문화를 꽃피우게 하는 계기가 되었지만, 일본문학의 관점에서 본다면 암울한 시대였다. 당시의 엘리트의 필수조건은 한시문(漢詩文). 따라서 그동안 성행했던 와카를 대신하여 한시와 문장이 주류를 이루었다. 한때 와카가 차지했던 위상을 한문학에게 내어주는 상황이 되었다. 이제 와카는 사적(私的)인 자리에서만 읊어지면서 미미하게 연명해 나가야만 하는 처지가 되어버린 것이다. 이처럼 당풍(唐風)이 한창이었던 이 시기를 보통 '국풍암흑시대'라고 부른다. 이러한 국풍암흑의 시기는 무려 150년간 계속되었다.

'메이드인 차이나'의 시대가 물러가고 다시금 일본에 '국풍의 전성시대'가 찾아오게 된 것은 800년대 말기였다. 당나라의 멸망과 더불어 일본에서는 894년 견당사제도를 폐지하였다. 이에 따라 이제까지 중국에서 유입되던 문화를 대신할 수 있는 것을 국내에서 찾게 된 것이다. 그러한 기운 속에서 이제까지 차지했던 한시문의 자리를 다시금 와카가 물려받게 되었다. 아울러 이 당시에 만들어진 일본의 글자 가나(仮名)는 문학에 있어서 국풍을 조성하는 중대한 역할을 담당하였다.

이윽고 905년 일본 최초의 칙찬와카집[勅撰和歌集]인 『고킨와카슈[古今和歌集]』가 편찬되었다. 전 세계에 유례없이 칙명에 의해 가집(歌集)이 만들어진 것이다. 이제 와카를 짓는 일은 국가적인 사업이 되었다. 와카 경합의 무대인 우타아와세[歌合]가 국가의 공식적인 행사로 자리 잡게 되었다. '우타아와세'란 가인을 좌우양편으로 나누어 같은 가제(歌題)로 지어진 와카를 경합하여 우열을 가르는 일종의 놀이였다. 헤이안시대에는 이와 같은 행사가 자주 거행되었고, 어떤 우타아와세는 왕이 주최자로 등장하기도 했다. 이제 다시금 와카가 공적인 자리에 등장하게 된 것이다.

이러한 역사적 과정을 겪으면서 『만요슈』는 어떻게 되었을까? 『만요슈』의 마지막 노래인 4516번의 제작년도가 759년, 『고킨슈』가 편찬된 해가 905년, 무려 150여 년의 세월 속에서 『만요슈』는 어떻게 되었을까? 국풍암흑시대를 거치는 동안 『만요슈』는 세인들의 뇌리에서 사라지면서 그 존재감도 미미해져갔다.

앞에서 설명하였듯이 『만요슈』는 와카를 표기하는 데에 한자를 사용하였지만, 표기체제는 순수한 한문도 아니고, 그렇다고 해서 순순한 일본어도 아닌 독특한 것이었기 때문에 쉽게 읽을 수가 없었다. 물론 『만요슈』 편찬 당시의 사람들은 손쉽게 읽고 즐겼겠지만, 150년 세월 속에서 『만요슈』를 읽을 수 있는 사람은 모두 사라져 버렸다. 『만요슈』는 이제 독해 불가능의 상태가 되어버린 것이다. 『만요슈』의 와카는 다만 입에서 입으로 전해지는 구승의 형태로 그 명맥을 유지하였을 뿐, 실제로 『만요슈』를 판독할 수 있는 사람은 아무도 없었다. 『만요슈』는 이제 거의 미라와 같은 존재가 되었던 것이다.

중고(中古)시대의 『만요슈』

『만요슈』에 대하여 다시금 본격적인 관심을 갖게 된 것은 『고킨슈』 편찬부터 다시 50여 년을 기다려야만 했다. 951년 『고킨슈』에 이은 두 번째의 칙찬집 『고센슈[後撰集]』의 편찬과 더불어 『만요슈』의 훈독작업을 명하는 칙명이 내려졌다. 이윽고 칙찬집 편찬과 『만요슈』 훈독작업을 위한 방이 개설되었다. 궁중의 나시쓰보[梨壷]라고 불리는 방에서 후세에 '나시쓰보의 5인' 이라고 부르는 미나모토노 시타고[源順]를 비롯한 5명의 위원이 칙찬집 편찬과 『만요슈』의 훈독작업에 종사하였다. 이 훈독작업을 흔히 '고점(古点)' 이라 부른다.

칙명이 있은 후 5년 후인 955년경에 두 번째 칙찬집인 『고센슈』는 편찬되었다. 그러나 고점 사업은 상당히 난항을 겪은 듯, 10여 년 정도의 세월을 소비한 후에 겨우 완성되었다. 이 당시에 시타고 등 훈독위원들이 사용했던 『만요슈』는 현재 우리가 접하는 『만요슈』와 같은 것으로 추정된다. 이들의 값진 노력으로 현존하는 4516수 중에서 장가(長歌)를 제외한 단가(短歌)류의 대부분인 4000여 수가 훈을 얻게 되었다. 이제 대부분의 사람들은 특히, 가나(仮名)를 소통수단으로 하는 여성들도 쉽게 『만요슈』를 접할 수 있게 되었다.

사실 국풍운동의 결정체인 『고킨슈』가 편찬되면서, 일본의 귀족사회는 와카를 떼어놓고는 말할 수 없는 상황이 되어버렸다. 와카가 공적인 자리에 등장하면서 이 사회에서 살아남기 위해서는 뼈를 깎는 와카의 수련이 필요했다. 연일 계속되다시피 하는 우타아와세나 가회(歌會)에서 능력을 인정받는 것은 사회적 지위를 보장받는 것으로 이어졌다. 이와 같은 공적인 자리 외에도 개인적인 남녀간의 연애에도 와카는 뼈어놓을 수 없는 존재였다. 사모하는 사람에게 자신의 심정을 전달하는 데에도 와카가 사용되었다. 결국 와카를 짓지 못하는 사람은 공적인 생활도 사적인 생활도 보장받지 못하는 상황이 된 것이다. 사람들은 살아남기 위해 열심히 와카를 배우고 와카를 지었다.

당시 와카의 규범이었던 『고킨슈』를 흉내 내고 이를 배우기 시작했다. 따라서 이 시대에는 가학(歌學)과 가론(歌論)이

발달하게 되었다. 그러나 『고킨슈』를 흉내내는 것만으로는 양질의 와카를 지을 수 없었다. 사람들은 더 나은 와카를 읊어내기 위해 뭔가 눈에 띄는 참신한 소재나 작가기법, 노랫말 등을 찾기 시작했다.

이러한 요구에 도움을 준 것이 바로 『만요슈』였다. 때마침 고점작업으로 훈을 얻은 『만요슈』는 당시의 모든 사람들에게 읽히기 시작했고, 『만요슈』의 와카는 새로운 노래감과 노랫말의 제공이라는 측면에서 사람들에게 향유되었던 것이다. 『만요슈』는 당시 지식인들의 연구 대상이 된 것이다.

『만요슈』의 와카는 제3대 칙찬와카집인 『슈이슈[拾遺集]』 이후부터 본격적으로 가집에 수록되기 시작했다. 『슈이슈』의 경우에는 120여 수의 만요가[万葉歌]가 수록되어 있고, 13세기 초반에 편찬된 제8대 칙찬집인 『신고킨슈[新古今集]』에도 많은 만요가가 수록됨과 동시에 옛 와카의 노랫말을 자신의 와카에 인용하여 와카의 정취를 높이는 '혼카도리[本歌取り]' 기법의 와카에도 『만요슈』가 많이 이용되었다. 이러한 시기에 『만요슈』는 고점 이후 14세기 초 센가쿠[仙覺]라는 인물이 등장하기까지 400여 년 동안 많은 사람들의 손에 의해 조금씩 조금씩 훈을 얻는 과정을 거치게 되는데, 이 기간의 훈독작업을 '차점(次点)'이라고 부른다. 이 기간 동안에 훈을 얻은 와카는 270여 수가 된다.

중세의 『만요슈』

차점 이후, 『만요슈』의 연구사에 있어서 주목할 만한 인물이 등장하는데 그가 바로 센가쿠[仙覺]다. 센가쿠는 스님으로서 평생을 바쳐 『만요슈』를 연구한 인물이다. 센가쿠의 업적을 꼽으라고 하면, 우선 『만요슈』의 모든 와카에 훈을 달았다는 점이다. 센가쿠 훈독작업은 참으로 과학적인 방법이었다.

센가쿠는 당시 항간에 유포되어 있던 수집 가능한 『만요슈』의 사본을 모두 모았다. 그렇게 모은 무려 10여 종에 이르는 『만요슈』의 사본을 일일이 대조해 가면서 가장 올바른 훈독으로 생각되는 것을 하나로 정리하여 정본(定本)을 만들었다. 그는 정리방법에 있어서도 독특한 방법을 사용했는데, 먼저 사본의 대조를 통하여 고점과 차점이라고 결론을 내린 훈은 검정색으로 표기하였다. 다음으로 고점이나 차점에서 훈을 얻었지만, 훈독이 잘못되었다고 결론을 내린 것은 파랑색으로 틀린 부분을 수정하였다. 그리고 센가쿠 이전의 고점과 차점 단계에서 훈을 얻지 못한 와카에 처음으로 훈을 단 것은 빨강색으로 표기하였다. 센가쿠의 이러한 조치 때문에 지금도 일목요연하게 훈독의 역사를 짚어볼 수 있어 오늘날 훈점(訓点)을 연구하는 사람들에게 아주 유익한 자료로 사용되고 있다. 이렇게 센가쿠가 수정하고 새로이 훈독한 것을 '신점(新点)'이라고 부른다. 센가쿠는 여기에 끝나지 않고, 비록 일부분이기는 하지만 『센가쿠쇼[仙覺抄]』라는 『만요슈』의 주석서까지 편찬하였다.

센가쿠의 세밀한 조치가 『만요슈』 연구의 본격적인 출발이었다고 말할 수 있겠지만, 이 시대의 와카에서 『만요슈』의 영향은 아직까지 미미한 것이었다. 실제로 와카를 짓는 일에 있어서는 『신고킨슈』에 『만요슈』의 와카가 많이 수록되고 혼카도리[本歌取り] 기법으로 『만요슈』의 노랫말이 인용되었다고는 하지만, 전반적으로는 『고킨슈』의 가풍을 이어받은 와카가 주류를 이루고 있었다.

근세 국학과 『만요슈』

　중세 말기 일본의 와카 현황은 참으로 암담한 것이었다. 중세 말기까지 와카는 고킨풍[古今風]이 주류를 이루고 있었고, 앞에서 이야기했듯이 와카가 사회적 생활수단이 되고 보니, 와카를 짓는 일은 점점 달아오를 수밖에 없었다. 중세 말기에 이르러서는 와카가 가지고 있던 예술적이며 문예적 취향은 사라지고, 와카를 통하여 정신세계를 수련하고자 하는 움직임이 생겨났고, 와카를 짓는 일이 너무 가열된 나머지 스승이 제자들에게 와카를 지도할 때 잘못된 지식을 전하기에 이르렀다. 급기야는 일본 국풍의 대표라고 할 수 있는 와카를 해석하는 데에, 유교나 불교의 교리를 끌어들여 설명하는 상황이 되었다.

이러한 사회적 움직임에 당연히 반발하는 지식인들이 있었다. 그들의 주장은 간단명료했다. "어찌하여 우리의 것을 해석하는 데 외래문화인 유교와 불교에서 그 해답을 얻을 수 있는가! 우리의 것에서 답을 찾아야 하는 것이 당연하지. 우리의 것, 우리의 옛것에서 해답을 찾자!" 그들이 주장하는 옛 것은 바로 일본의 문화가 본격적으로 시작되었다고 할 수 있는 상대(上代)의 산물, 즉 『고지키』 · 『니혼쇼키』 · 『만요슈』 등에서 일본의 고대(古代)를 풀 수 있는 해답을 찾고자 했던 것이다.

이러한 일련의 학문적 움직임을 국학(國學)이라고 부른다. 『만요슈』는 국학의 대상이 되었다. 국학자들은 『만요슈』를 연구하기 시작했다. 그 결과 이 시기에 『만요슈』 연구는 주석학적인 측면에서 놀라운 발전을 가져온다. 이 시기의 대표적인 인물로 게이츄[契冲]를 들 수 있다. 게이츄의 『만요슈』 주석인 『만요슈 다이쇼키[万葉集代匠記]』는 근대 『만요슈』 연구의 지침이 되었고, 21세기 현재에 있어서도 학문적 수준이 결코 뒤지지 않는 훌륭한 저서다. 이후 게이츄를 잇는 많은 국학자들에 의해 『만요슈』는 학문적으로 많은 진보를 보게 된다.

근대 와카 개량운동과 『만요슈』

　메이지[明治]유신 이후, 일본에서는 전 시대에 일어났던 국학의 영향과 함께 당시 독일에 유행했던 문헌학의 영향을 받은 문헌학적인 연구방법이 일어났다. 이를 통하여 센가쿠 이후의 『만요슈』의 본문과 훈독을 다시 돌아보고, 센가쿠의 신점(新点) 중에서 무리가 있는 부분에 대하여 재고하고 주석을 재정비하는 등 『만요슈』 연구에 새로운 기운이 일어났다.

　그러나 이 시기에 무엇보다도 주목해야 할 사람으로 마사오카 시키[正岡子規]를 빼놓을 수 없다. 1892(明治 25)년경부터 하이쿠[俳句] 혁신에 종사했던 마사오카 시키는 어느 정도 하이쿠의 혁신운동이 궤도에 올랐다는 결론 아래 하이쿠에 이어서 와카 혁신에 손을 대었다. 당시 가단의 중심이 되었던 것은 게이엔파[桂園派]로, 『고킨슈[古今集]』 중심적인 매너리즘에 빠져 있었다.

이에 대해 시키는 천년 이상 와카세계에서 가도의 표준으로 숭상 받던 『고킨슈』를 그 권좌에서 끌어내리면서 『만요슈』를 와카의 이상으로 삼았다. 시키는 와카를 고전의 잔재가 아닌 근대문학으로 확립하기 위하여, 서양화에서 힌트를 얻어 처음으로 와카에 있어 '사생(寫生)'을 주장하였다. 그는 전통적인 고킨슈적 인습에 얽매이지 않는 자유로운 정신과 이상적인 와카의 모델을 『만요슈』 안에서 발견하고자 하였다.

시키의 『만요슈』 숭상과 와카 개량운동의 실체는 1892년 2월부터 신문 『일본(日本)』에 게재한 「가인에게 보내는 글[歌よみにあたふる書]」을 비롯한 일련의 기고를 통하여 확인할 수 있다. 이후 『만요슈』는 시키의 문하생들을 중심으로 연구되고 시키의 정신이 계승 발전되어 갔다.

시대가 바뀌어 다이쇼[大正]에 들어서 만요 연구에서 가장 눈부신 업적은 『교본만요슈[校本万葉集]』의 발행을 들 수 있다. 이 사업의 대표자로 사사키 노부즈나[佐佐木信綱]를 빼놓을 수 없다. 그는 이미 메이지시대부터 『만요슈』의 고사본을 찾아 나섰고, 메이지 45년에 하시모토 신키치[橋本進吉], 다케다 유키치[武田祐吉] 등과 함께 대사업을 완성시켰다. 『교본만요슈』란 말 그대로 열람 가능한 『만요슈』의 사본 및 판본을 총망라하여 한 권에 기록한 것이다.

『교본만요슈』의 완성에는 피눈물 나는 에피소드가 있다. 수년에 걸쳐 만들어진 『교본만요슈』의 원고를 출판사에 넘겼고, 출판사에서 이를 인쇄 제본하던 중에 관동대지진이 일어났던 것이다. 이 때문에 모든 것이 소실되었는데, 다행히 각 담당자에게 보냈던 교정 초고본이 남아 있어 이를 모아 다시 출판을 할 수 있게 되었다. 이 책은 헤이안시대의 사본을 비롯하여 여러 고사본과 판본 등을 교합(校合)하여 『만요슈』의 본문과 훈, 그리고 주석서에 관한 연구 등을 총망라한 것이다. 지금도 만요 연구에 있어서 빼놓을 수 없는 존재이며, 『만요슈』 연구에 한 획을 긋는 노작이라고 평할 수 있다.

쇼와[昭和]에 들어서고 나서 『교본만요슈』에 이어 『만요슈』 연구를 획기적으로 이끌어가는 명저가 등장하게 되었다. 바로 『만요슈총색인[万葉集總索引]』이다. 이 책은 마사무네 아쓰오[正宗敦夫]가 약 20년의 세월을 들여 만든 것으로 『만요슈』에 수록되어 있는 모든 어휘를 문자 단위로 찾을 수 있도록 정리 분류하였다. 요즘의 컴퓨터가 무색할 정도로 세밀한 작업이 이루어졌다. 이 또한 『만요슈』 연구에 획기적인 발전을 가져왔다.

이후 『만요슈』에 대한 연구는 모든 분야에 걸쳐 눈부신 발

전을 가져오게 되었고 오늘날에는 『만요슈』는 일본문학의 대
표격으로 명실상부한 자리를 차지하고 있다.

2부

본문 萬葉集

『만요슈』는 총 20권 4,516수로 구성되어 있는 방대한 가집(歌集)이다. 먼저 제1권과 제2권이 편찬되었고, 그 후 제3권에서 제15권까지 편찬된 후에 제16권이 추가되었으며, 마지막으로 제17권에서 제20권까지가 편찬되었다. 이 체재를 갖추기까지 80년의 시간이 걸렸다. 1부에서 언급한 사항과 관련 있는 와카를 권순(卷順)으로 수록했다. 제목에 해당하는 다이시(題詞)와 주석에 해당하는 좌주(左注)는 와카 위와 아래에 표시했고, 맨 아래에는 필자의 간략한 해설을 덧붙였다.

1권

1. 천황이 지은 노래

바구니 바구니 들고 호미 들고 호미 들고서 이 언덕에서 나물
뜯는 아가씨 집을 고하라 이름 고하라 성스러운 야마토 이 나
라는 내가 다스리로다 내가 다스리로다 내가 먼저 고할까 집과
이름을

해설1_『만요슈』의 권두가. 작자는 유라쿠(雄略)왕. 만요(万葉) 시대의 사
람들에게 있어서 유라쿠는 노래의 영력(靈力)을 완비한 고대국가
의 강력한 위정자였다. 왕 자신이 직접 지었다고 보기는 어렵고
후세의 가탁(假託)에 의한 것으로 본다.

2. 천황이 가구야마에 올라온 나라를 내려보며 지은 노래

야마토에는 산도 많고 많지만 그 중에서도 아메노 가구야마 산
위에 올라 온 나라 내려보니 지평 위에는 연기 피어오르고 수
평 위에는 갈매기 넘나들고 아! 좋은 나라 풍요의 나라로다 야
마토 이 나라는

해설2_만요 시대의 처음을 알리는 노래다. 여기서 왕은 죠메이(舒明)왕
이다. 왕 자신이 다스리는 영토가 보이는 신성한 산 가구야마에
올라 영토를 축복하는 '구니미(國見)'의 와카다.

7. 누카타노 오키미의 노래 확실하지 않음

가을 들녘에 풀 베어 지붕 잇고 묵었던 '우지' 도읍지에 지었
던 초막집 생각나네

위의 노래는 야마노우에노 오쿠라 대부(大夫)가 『루이쥬가린』
에서 밝히기를, "어떤 책에서 말하기를 648년에 히라(比良)의
행궁(行宮)에 행차하셨을 때, 천황께서 지으신 노래"라고 한
다. 그러나 『니혼쇼키』에는 "659년 정월 3일에 천황이 기노유
(紀伊の湯)로부터 귀경하셨다. 3월 초하루에 천황은 요시노(吉
野)에 행차하시어 향연을 베푸셨다. 3일에 천황은 오우미(近
江)의 히라노우라(平の浦)에 행차하셨다"고 한다.

해설7_제1기의 여류가인인 누카타노 오키미의 노래다. 왕의 행차에 수

행하여 왕을 대신하여 지은 노래다. 고대 와카의 특성 중의 하나인 대작(代作)의 상황을 보여주는 노래.

8. 누카타노 오키미

니키타에서 배 띄우고자 하여 달 기다리니 물때가 되었구나 이제 배 저어 가자

위의 노래는 야마노우에노 오쿠라 대부가 『루이쥬가린』에서 밝히기를, "34대 죠메이왕이 639년 12월 14일에 왕비와 함께 이요의 온천으로 행차하였다. 후에 37대 사이메이 7년 1월 6일에 신라 원정을 위해 배를 서쪽으로 띄워 처음으로 바닷길에 닿았다. 14일에 왕은 이요의 니키타 나루의 이와유에 있는 행궁에 머물렀다. 왕은 옛날 죠메이왕이 이곳에 왔을 때 남겨놓은 것을 보시고, 즉시 감회의 정을 일으키셨다. 이에 노래를 지어 슬퍼하셨다"고 한다. 따라서 이 노래는 왕이 친히 지은 노래다. 단, 누카타노 오키미의 노래는 따로 4수가 있다.

해설8_백제가 나당연합군에 의해 공격을 받을 때, 백제를 돕기 위해 출정하던 중 이요(伊予)에서 배 띄우기 위해 물때를 기다리면서 지은 노래다.

10. 나카쓰 스메라 미고토가 기노유에 갔을 때 지은 노래

당신 목숨도 내 목숨도 다스리는 이와시로 언덕 위의 풀뿌리

자 어서 묶읍시다

해설10_풀뿌리를 묶는 행위는 그 지역을 다스리는 자의 영력을 받기

위한 행위. 여행의 안전을 위하여 행했던 주술행위였다.

11.

우리 임께서 초막을 엮으시네 억새 없으면 소나무 밑에 자란

그 억새 꺾으세요

해설11_초막은 여행 중의 안전을 위한 의례를 치르는 데 잠시 몸을 둘

수 있는 간단한 것이었으라 추측한다. 소나무는 성스러운 나무

로 귀하게 여겼다. 그 아래에 자라난 억새도 영력이 있을 것으

로 보았던 것.

12.

내가 원했던 노시마 보여 주셨네 바다가 깊은 아고네 포구의

진주 안 주셨지만 어떤 책에는 전반부가 내가 원했던 고시마는

봤지만

위 노래는 야마노우에노 오쿠라가 『루이쥬가린』에서 밝히기

를, 사이메이천황이 직접 지은 것이라고 한다.

해설10~12_위 3수는 만요슈에서 초기에 볼 수 있는 연작(連作)으로, 문학
사적 가치가 크다. 대작을 설명할 수 있는 노래이기도 하다.

20. 천황이 가마후 들녘에 사냥할 때, 누카타노 오키미가 지
은 노래

꼭두서니 빛 지치꽃 핀 들녘의 금원(禁苑)에 서서 들 지키는 이
보는데 당신 소매 흔드네

21. 태자의 답가　덴무천황을 말함

지치꽃처럼 아름다운 그대가 싫지 않기에 남의 아내임에도 내
마음 이끌리나

『니혼쇼키』에는 천황 7년 여름 5월 5일에 가마후 들녘에서 사
냥하였다. 이때에 황태자, 제왕, 내신 및 군신들이 수행하였다
한다.

해설20~21_덴지가 즉위한 첫해에 있었던 구스리가리에서 1기 가인 누
카타노 오키미와 그의 전남편인 덴무와의 증답가이다. 덴
무와 덴지는 형제지간으로, 동생의 아내였던 오키미는 형
의 아내가 되었다.

28. 천황이 지은 노래

봄이 지나고 여름이 온 듯하다 새하얀 빛의 빨래 말리고 있는
아메노 가구야마

해설28_여제(女帝)인 지토(持統)가 아메노 가구야마를 바라보면서 지
은 노래다. 강렬한 색채감을 느낄 수 있다.

29. 오미의 황폐해진 옛 도시를 지날 때, 가키노모토노 히토마로가 지은 노래

신성한 그 곳 우네비 산 기슭의 가시와라에 사셨던 왕 때부터
(혹은 임금의 왕궁에서) 이 땅에 나신 신의 자손들마다 대대손
손이 이어내려 천하를 다스려 왔건마는 성스러운 땅 야마토를
두고서 푸른 흙 나는 나라 산(奈良山)을 넘어서 도대체 어떤 생
각 가지셨기에 멀리 떨어진 시골이긴 하지만 이와바시루 오미
이 지방에 사사나미의 오쓰의 궁궐에서 온 천하만민 다스리곤
하셨을까 세상 돌보는 현인신(現人神) 당신께서 사시던 궁이 여
기라 들었건만 계시던 어전 여기라 하건마는 봄에 피어난 잡초
무성히 자란 안개 일어서 봄 햇볕 가리는 궁궐 흔적 있는 이
곳을 보자니 슬프도다

30. 반가

사사나미의 시가의 가라사키 변함없지만 오미야히토의 배 기
다려도 오지 않네

해설29~30_임신년의 난을 경험한 생생한 기억 아래 이미 폐허가 된 오
미(近江)의 옛날을 기리며 지은 오미황도가(近江荒都歌). 히
토마로의 서정성이 잘 나타나 있다. '반가(反歌)'는 앞에 나
온 장가의 내용을 요약하는 노래이다.

45. 가루왕자가 아키 들녘에 묵을 때에 가키노모토노 히토
마로가 지은 노래

온 천하 두루 살피는 우리 주군 높이 빛나는 태양의 자손 신
의 몸으로 통치하고자 하여 궁궐이 있는 도읍지를 두고서 은
밀하다는 하쓰세의 산의 나무 덮여 길도 없는 산길을 바위부
리 나무가 길 막아도 아침 언덕을 새처럼 넘으시고 노을 비치
는 저녁이 되고 나면 눈 내리는 아키 넓은 들에서 날리는 억
새 조릿대를 깔고서 풀베개 베고서 들녘에 머무시네 그 옛날
그리시며

46. 단가

아키 들녘에 묵는 나그네들은 편히 누워서 잠이 들 수 있을까
옛 생각하느라고

47.

조박 엮은 풀 베는 들판이지만 단풍 지듯이 사라져 간 왕자의
자취 보고자 왔네

48.

동편 들녘에 동트는 새벽빛이 비쳐나기에 돌아서 바라보니 서
편에 달 기우네

49.

히나미시 우리의 왕자님이 말을 모시며 사냥 시작하셨던 그 시
간 돌아왔네

해설45~49_히토마로가 가루왕자의 아키노(安べ野) 사냥에 수행하여 지
은 와카.

76. 천황이 지은 노래

궁궐 용사들 활 쏘는 소리 나네 용맹한 장수 방패 들어 진(陣) 짜는 연습시키는 듯하다

77. 미나베공주가 답하여 바친 와카

임금이시여 걱정하지 마소서 조상신께서 당신 섬기게 하신 제가 옆에 있으니

해설76~77_여제(女帝)인 겐메이(元明)가 왕위에 올랐을 때는 옛날 지토가 정권을 잡았을 때만큼 정세가 안정되지는 못하였다. 왕위 계승을 둘러싸고 보이지 않는 암투가 계속되는 불안한 나날. 당시의 긴박한 상황을 짐작케 하는 와카다. 궁중 안에서 들려오는 활 쏘는 소리와 진용을 짜는 훈련하는 소리에 불안을 느끼는 겐메이와 이를 위로하며 안심시키는 언니가 주고받은 와카다.

2권

85. 이와이히메황후가 천황을 그리며 지은 노래 4수

당신 가시고 꽤나 시간 흘렀네 산길 물어서 마중을 나가 볼까 그냥 기다려 볼까

위 노래 한 수는 야마노우에노 오쿠라의 『루이쥬가린』에 실려 있다.

86.

이렇게 당신 그리워만 하지 말고 높은 산위의 바위 베개 삼아서 죽어버리고 말 것을

87.

이렇게 앉아 당신을 기다리리 바람에 날리는 내 검은 머리위
에 서리 내릴 때까지

88.

가을 아침의 들녘 위에 감도는 안개와 같이 내 사랑 어디에서
멈춰 설 수 있을까

해설85~88_『만요슈』에서 가장 오래된 것으로 꼽히는 와카지만, 실제
　　　　로는 후세 사람의 가탁(假託)이다. 4수 가운데 첫 노래는
　　　　제2권의 권두가.

105. 오쓰왕자가 은밀히 이세신궁에 내려갔다가 올라올 때,
　　　오쿠공주가 지은 와카 2수
　　　사랑하는 이 야마토로 보내고자 밤은 깊어서 새벽녘 내린 이
　　　슬 나 젖고 말았도다

106.

둘이 넘어도 지나가기 어려운 이 가을 산을 어찌하여 그대가

혼자서 넘어갈까

해설105~106_오쓰왕자가 모반을 일으키기 전 은밀하게 이세신궁의 재궁으로 있는 누이 오쿠공주를 만나고 돌아오는 길에 오쿠공주가 오쓰왕자의 신변을 걱정하면서 지은 노래다.

131. 히토마로가 이와미 지방에서 아내와 헤어지고 상경했을 때 지은 노래 2수와 단가

이와미 바다 쓰노의 해안선을 포구 없다고 사람들 보겠지만 갯벌 없다고 어떤 책에 말하기를 (갯바위 없다) 사람들 보겠지만 그렇다 해도 비록 포구 없어도 그렇다 해도 비록 갯벌 없어도 어떤 책에 말하기를 (갯바위 없다 해도) 고래를 잡던 바닷가를 향해서 니키타즈의 거친 갯바위 위에 푸릇푸릇이 아름다운 해초들 아침엔 아침대로 산들바람 밀려오고 저녁은 저녁대로 넘실 파도 밀려오네 파도와 함께 밀리고 밀려오는 해조류처럼 함께 잤던 당신을 어떤 책에 말하기를 (사랑스러운 내 님의 옷소매를) 상로(霜露) 내리듯 남겨 두고 왔기에 내 가는 이 길 굽이굽이 돌 적에 셀 수도 없이 뒤돌아보았지만 이제는 내 님 계신 곳 멀어졌네 마침내 높은 산마저 넘어왔네 여름 풀 시들 듯 내 생각에 지쳐서 기다리고 있을 임의 집문 보고파 누워다오 산들아

132. 반가 2수

이와미 지방 다카쓰노 산위의 나무 사이로 내 소매 흔드는 것

임은 보고 계실까

133.

조릿대 잎은 온 산에 소리 내며 소란피지만 나는 당신 생각해

이별하고 왔기에

해설132~133_서정성이 넘치는 히토마로의 이와미소몬가(相聞歌). 이

와미 지방에 살고 있는 아내와 이별하고 상경하여 지은

노래이다. 제작 연대가 분명하지는 않지만, 히토마로

만년의 작품으로 추정하며 아내와의 이별을 노래한 것

중에서 장가로는 일본 최초의 작품이다.

147. 천황이 병에 걸렸을 때, 황태후가 지어 올린 노래 한 수

하늘 저 멀리 올려다 바라보니 우리 임금의 생명 영원하여서

하늘에 가득 찼네

148. 어떤 책에 말하기를 덴지천황이 병세가 위급해졌을

때, 황태후가 지어 올린 한 수

푸른 기(旗) 같은 고하타 산 주변을 혼(魂) 돌아다니니 눈에는

보이지만 만나 뵐 수 없구나

해설148_덴지왕의 혼이 돌아다닌다는 것은 혼수상태를 말함.

149 천황이 붕어힌 후 황태우가 지은 노래 한 수

사람들 비록 잊는다 하더라도 구슬과 같은 그 모습 떠올라서

잊어버릴 수 없네

150. 천황이 붕어한 후 여인이 지은 노래 한 수 성씨 미상

살아있으면 신(神)과 만날 수 없어 멀리 떨어져 아침에 한숨

지며 멀리 떨어져 내 그리워하는 임 구슬이라면 손에 고이 쥐

고서 내 옷이라면 벗을 일도 없으리 내 그리운 임 당신이 어

젯밤에 꿈속에 보이셨네

151. 천황의 빈궁 때에 지은 노래 2수

이리 되리라 미리 알았더라면 임금 타신 배 머무는 항구에 줄

묶어 놓을 것을

152.

온 천하 만물 다스리는 주군이 타신 큰 배를 그리며 기다리나 시가의 가라사키

153. 태후가 지은 노래 한 수

고래를 잡던 오미의 바다를 먼 바다에서 노 저어 오는 배 해 안 따라 노 저어 오는 배 먼 바다 배야 물 튀게 하지 마오 해 안의 배야 물 튀게 하지 마오 푸릇푸릇한 내 님이 사랑하는 새 날아갈 테니

154. 이시카와 부인의 노래 한 수

사사나미의 큰 산 지키는 이는 누구를 위해 산에 금줄 매는가 임도 안 계시는데

해설154_여기서 큰 산은 궁중 소유의 산을 말한다.

155. 야마시나의 왕릉에서 물러날 때에 누카타노 오키미가 지은 노래 한 수

온 천하 만민 다스리는 주군의 황공하옵게 임금의 능(陵) 모

시는 야마시나의 가가미란 산에서 밤이면 밤마다 낮이면 낮
마다 소리 높여 울기만 했던 임금 모셨던 이들은 떠나가고야
마는가

해설147~155_덴지왕의 임종부터 임종 후 야마시나에 묻힐 때까지의
일련의 상황을 묘사한 반카임.

202.

나키사와의 여신께 술 올리며 기도했지만 우리 임금 태양신
하늘 다스리시네

해설202_다케치(高市)왕자의 반가에 딸려 있는 단가다. 왕자가 죽은
것을 태양신이 되어 하늘을 통치한다고 표현하고 있다.

205.

우리 임금은 신의 몸이시기에 하늘 구름의 겹겹 쌓인 사이로
숨어버리셨도다

해설205_유게(弓削)왕자의 죽음을 애도한 노래다. 왕자의 죽음을 구
름 사이로 숨어버렸다고 표현하고 있다.

223. 히토마로가 이와미 지방에서 죽음을 맞이하여 스스로 목숨을 끊으며 지은 와카 한 수

가모야마의 바위 베개 삼아서 누운 나일세 내 사정 모를 당신 기다리고 있으리

224. 히토마로가 죽었을 때에 아내 요사미노 오토메가 지은 노래

오늘 오려나 내 기다리는 당신 이시카와의 조개와 뒤섞이어 또는 (계곡에 뒤섞이어)있다 하지 않는가

225.

만나는 일 이제 불가능하리 이시카와에 구름이라도 일어라 너 보며 임 그리게

해설223~225_위 3수는 히토마로의 임종을 노래한 것. 처음은 히토마로 자작시. 뒤의 2수는 아내의 노래다. 여기서도 죽음에 관한 표현이 다양하게 보인다. 바위를 베개 삼는다든지 강 속의 조개와 뒤섞인다고 하는 식으로 죽음을 표현하였다.

3권

270. 다케치노 무라지 구로히토의 여행가 8수

여행길에서 왠지 그리워질 때 저편 산 아래 붉은 색 칠한 배

가 지나는 것 보이네

해설207_붉은 색 칠한 배는 관선(官船). 관선을 보고 여수(旅愁)를 느낌.

271.

사쿠라다로 학 울며 지나간다 아유치 개펄 조수 빠졌나보다

학 울며 지나간다

272.

　　시하쓰 산을 넘고서 바라보니 가사누이 섬 사이로 사라지는

　　쪽 널 없는 작은 배

273. 미상

　　이소노 사키 배 저어 돌아가니 오미의 바다 그 많은 항구마다

　　학 소리 높이 우네

274.

　　내가 탄 배는 노 저어 히라 항(港)에 머무르겠지 바다로 나가

　　지 말게 밤도 이미 깊었으니

275.

　　어디메인가 내 오늘 머물 곳은 다카시마 가치노의 들에서 해

　　저물어 버리면

276.

내 님도 나도 하나여서 그럴까 미카와 지방 후타미란 길에서
헤어지지 못하네

277.

삘리 날려와 보았으면 좋을 걸 야마시로 다카의 느티 숲은 낙
엽지고 말았으리

해설270~277_히토마로의 대를 이은 궁정가인 구로히토. 그의 작품은
모두 단가만이 수록되어 있고, 주로 여행에서 느낀 감
정을 서정성 풍부하게 읊었다.

337. 오쿠라가 지은 연회가 파할 때의 노래 한 수

오쿠라 일행 떠나고자 합니다 아이 울겠죠 그 아이의 어미도
나를 기다리겠죠

해설337_3기의 가인 야마노우에노 오쿠라의 가정적인 성격을 잘 나
타내주는 와카다. 오쿠라는 다비토와 곧잘 비교되는 가인으
로 만요슈에서도 오쿠라의 노래가 다음의 다비토의 노래로
이어지는 배열을 보이고 있다.

338. 다자이후의 사령관인 오토모경이 지은 찬주가 13수

쓸모없는 고민에 빠지지 말고 한 잔 가득히 따른 흐린 술 한

잔 마시는 게 나으리

339

술을 일컬어 성인이라 부르셨던 지나간 날의 대성인의 말씀

은 참으로 좋은 말씀

해설339_중국의 서막(徐邈)이라는 사람이 탁주를 성인이라고 불렀다

는 이야기가 배경이 됨.

340.

지나간 날의 현인이라 불리던 일곱 사람도 바라고 바라던 것

술이었던 것 같도다

해설340_죽림칠현의 고사를 배경으로 하고 있다.

341.

잘난 척하고 떠들어대기보다는 술에 취하여 흐느껴 우는 편

이 훨씬 나은 듯하다

342.

　뭐라 말해야 어찌해야 좋을지 모를 정도로 너무나 귀한 것이
바로 술인 듯 하도다

343.

　어중간하게 사람으로 사느니 술병이라도 됐으면 좋았을 걸
술에 젖을 수 있게

344.

　아하 꼴불견 잘난 척을 하면서 술 안 마시는 사람 자세히 보
면 원숭이를 닮은 듯

345.

　값 매길 수 없는 보물이라 하여도 한 잔 가득히 따른 흐린 술
보다 나을 것이 있으랴

346.

야광 구슬이라 하여도 술 마시고서 근심 푸는 일보다 나을 것
이 있으랴

347.

세상에 있는 도락의 길 중에서 즐거운 것은 취해서 흐느끼며
우는 일인 듯하다

348.

이 세상에서 즐겁게 살 수 있다면 저 세상에선 벌레라도 새라
도 나 기꺼이 되리라

349.

살아 있는 것 결국에 죽고 마는 도리이기에 이 세상 사는 동
안 즐겁게 지내리라

350.

무뚝뚝하게 잘난 척하기보다 술 마시고서 취해서 우는 것이 훨씬 나은 일이로다

해설338~350_다비토의 대표작 중 하나인 찬주가군(讚酒歌群)이다. 외국의 문물이 가장 먼저 유입되는 다자이후의 총사령관이었던 다비토는 일찍이 중국의 도장(道壯)사상을 접할 수 있었고 몰락해가는 한 집안의 수장으로서 느끼는 고뇌, 그리고 임지에서 아내를 잃은 비애 등이 작품 속에 깔려 있다.

408. 야카모치가 같은 사카노우에노 집안의 오이라쓰메에게 보낸 노래 한 수

당신이 바로 패랭이면 좋겠네 나 아침마다 그 꽃 손에 들고서 항상 그리워하리

해설408_제4기의 대표적 가인인 야카모치의 주변에는 여자들이 많았다. 또한 야카모치는 여자들을 패랭이꽃에 비유하였다. 위 노래는 아내인 오이라쓰메와 결혼하기 전에 그녀에게 보낸 와카 중 한 수다.

416. 오쓰왕자가 죽음을 당할 때 이와레 연못의 둑에서 눈물
    을 흘리며 지은 노래 한 수
    모모즈타후 이와레 연못에서 우는 오리를 오늘 마지막 보고
    구름 저편 가야 하나

해설416_덴무왕 사후 왕위 계승을 둘러싼 암투에서 희생물이 된 오쓰
    왕자가 죽음을 당하기 전 마지막으로 부른 사세가(辭世歌)다.

423. 마찬가지로 이와타왕자가 죽었을 때, 야마쿠마왕자가
    슬퍼하며 지은 노래 한 수
    바위 험준한 이와레의 그 길을 매일 아침 지나시던 당신이 지
    나시면서 생각하셨을 일은 뻐꾸기 날아와 우는 오월에는 창
    포와 함께 감귤 꽃을 하나로 약옥(藥玉)에 꿰어 혹은 (섞어 엮
    어서) 머리 장식하자고 구월이 되어 늦가을 비 내릴 땐 단풍
    잎 꺾어 머리 장식하자고 칡넝쿨 뻗히듯이 오래오래 살자고
    혹은 (칡뿌리 뻗듯 오래오래 살자고) 만대에까지 인연 끊지 말
    자고 큰 배 의지하듯 당신 의지하면서 이 길 다녔을 당신을
    내일부터 당신 내일부터는 달리 봐야 하는가
    이 노래는 어떤 책에 말하기를 히토마로의 작품이라고 한다.

해설423_죽은 사람을 회상하는 장면에서 당시 오월과 구월에 행해졌
    던 행사의 상황을 짐작해볼 수 있다. 고대 일본인들은 봄과

가을에 산에 올라 일종의 꽃구경과 단풍구경을 즐겼다. 이
자리에서 흔히 볼 수 있는 것이 머리에 관(冠)을 만들어 쓰
는 것. 일종의 주술적인 행위로 추측한다.

446. 덴표 2년 경오년 12월 다자이후의 사령관 오토모경(卿)
이 상경하는 길에 지은 노래 5수
그리운 임이 보았던 도모 포구(浦口) 노간주나무 변치 않고 있
는데 보았던 사람 없네

447.
도모 포구의 갯바위 위 노간주 내 볼 적마다 함께 봤던 아내
를 잊을 수 없으리라

448.
갯바위 위에 서 있는 노간주여 너 본 사람은 어디 갔나 물으
면 대답해 줄 수 있을까
위 3수는 도모포구를 지나던 날 지은 노래다.

449.

　　내 님과 왔던 미누메노 사키를 귀경길에서 나 혼자서 보자니
　　눈물이 절로 나네

450.

　　내려갈 적엔 둘이서 함께 봤던 미누메노 사키 혼자서 지나려
　　니 내 마음 슬퍼지네
　　위 2수는 미누마노 사키를 지나던 날 지은 노래다.

451. 고향집에 돌아와서 즉시 지은 노래 3수
　　내 님도 없는 텅 빈 쓸쓸한 집은 풀베개 베는 여행보다 훨씬
　　더 괴로워지는구나

452.

　　아내와 함께 둘이서 가꾸었던 우리 뜨락은 나무도 무성하게
　　자라나 버렸구나

453.

그리운 임이 심었던 매화나무 내 볼 적마다 가슴 메이면서 눈물만 흐른다

해설446~453_다비토는 규슈의 다자이후에서 임기를 마치고 출발하여 집에 돌아올 때까지의 일정을 와카로 표현하였다. 아내를 객지에 묻고 함께 내려갔던 길을 혼자서 거슬러 올라가는 다비토의 마음에 끊이지 않고 아내에 대한 그리움이 솟아난다. 집에 도착해서도 아내가 없는 텅빈 저택에서 외로움에 괴로워하는 다비토의 심경이 묻어나고 있다.

462. 11년 을묘 6월 야카모치가 죽은 아내 생각에 슬퍼하며 지은 노래 한 수

이제부터는 가을바람 차갑게 불어오련만 어찌하여 혼자서 기나긴 밤 보낼고

해설462_야카모치가 아내인 오이라쓰메의 죽음을 기리며 지은 노래로 아내의 죽음을 기리는 반카를 망처반카[亡妻挽歌]라고 부른다.

488. 누카타노 오키미가 덴지천황을 그리며 지은 노래 한 수

　　당신 오시길 그리며 기다릴 제 집에 걸어 논 수렴을 흔들면서

　　가을바람이 분다

489. 가가미노 기키미가 지은 노래 한 수

　　바람이라도 그리는 일 부러워 바람이라도 기다릴 수 있다면

　　뭐 바랄 게 있으리

해설489_위 노래 2수는 중답가의 형식을 갖추고 있다.

4권

581. 오토모 사카노우에노 집안의 오이라쓰메가 야카모치
　　에게 보낸 노래 4수
　　살다가 보면 만날 날도 있겠지 그런데 당신 죽는다며 꿈에서
　　나타나는 것일까

582.
　　사내장부도 이리 그리워하지만 여린 아낙이 그리는 그 마음
　　에 견줄 수가 있을까

583.

남색 빛깔이 쉽게 바래듯이 맘 바뀌었나 내 사랑하는 그대 소
식도 주지 않네

584.

가스가 산에 구름 일지 않는 아침 하루도 없듯이 언제나 보고
싶다 생각나는 그대여

해설581~584_위의 4수는 야카모치의 아내가 된 오이라쓰메가 야카
모치에게 보낸 노래다. 어릴 적부터 친분이 있던 두 사
람의 인연으로 부부가 되었다. 앞장의 첫 와카에서 야
카모치가 오이라쓰메에 대한 감정을 노래로 표현한 것
과 대비된다.

607. 가사노 이라쓰메가 야카모치에게 보낸 노래 24수

모든 이에게 자라고 알려주는 종은 치건만 당신 생각 때문에
잠들지 못합니다

608.

마음도 안 주는 사람을 그리는 일 큰절에 있는 아귀의 엉덩이
에 절 올리는 것 같아

해설607~608_만요슈에는 가사노 이라쓰메가 야카모치에게 보낸 와
카 24수를 수록하고 있으나, 여기서는 2수만을 실었다.
가사노 이라쓰메의 야카모치에 대한 연민의 정이 묻어
나는 노래이지만, 이에 대한 야카모치의 반응은 별로
나타나지 않는다. 야카모치가 그녀에게 보낸 와카는 불
과 2수. 위 와카를 포함한 24수에 이어서 야카모치의
답가 2수가 수록되어 있다.

611. 야카모치가 화답한 노래 2수

이제 다시는 그대 못 만나리라 생각해설까 내 가슴은 무겁고
개운치 아니하네

612.

그냥 그렇게 잠자코 있길 잘했네 어째서 둘은 만나기 시작했
나 이루지도 못할 것을

5권

794. 일본 반카 한 수

우리 임금의 떨어져 있는 조정 시라누이의 쓰쿠시 지방으로
우는 아이처럼 날 따라 내려와서 숨쉬는 것조차 아직 편히 못
하고 도착한 지도 얼마 되지 않아서 마음을 다해 생각도 못한
사이에 흔들리듯이 당신 누워버렸네 뭐라 말하고 어떻게 할
지 몰라 석목(石木)에 물어도 소용없고 집이었다면 살아 있었
을 텐데 원망스러운 내 아내 당신이여 나보고 이제 어찌 하라
는 거요 논병아리처럼 사이좋게 앉아서 이야기 하던 그 마음
저버리고 집 나와 떠나갔네

795. 반가

집에 돌아가 어찌해야 좋을까 베개 나란히 눕던 쓸쓸한 안방
생각 절로 나리라

796.

아 그리워라 이리 될 인연인 걸 나 좇아왔던 아내의 그 마음
이 무심하기만 하다

797.

안타깝도다 이리 될 줄 알았다면 아름다운 이 지방 여기저기
구경시켜줄 것을

798.

당신이 봤던 멀구슬 나무 꽃은 지고 말리라 내 흐르는 눈물은
마르지 않았는데

799.

오오노 야마 안개 피어오르네 내 뱉어내는 탄식 섞인 바람에
안개 피어오르네

741년 7월 21일 치쿠젠 지방의 수령 야마노우에노 오쿠라
바침

해설794~779_다비토의 아내인 이라쓰메의 죽음을 애도하여 오쿠라
가 다비토에게 지어 바친 연작이다.

802. 아이들을 생각하는 노래 1수 및 서

참외 먹으면 아이들 생각나네 밤을 먹자면 더욱 더 그립구나
대체 어떠한 인연으로 왔기에 눈 발치에서 밟히며 어른거려
편안한 잠 못 이루나

석가여래가 귀하신 입으로 가르치셨다. 중생을 평등하게 생
각하는 것은 나의 아들 라후라를 생각하는 것과 같다고. 또
말씀하시기를, 사랑할 대상 중에 아이보다 더할 것은 없다
고. 더할 나위없는 대성인도 역시 아이를 사랑하는 마음을
가지고 있다. 하물며 이 세상을 생생히 살아가는 사람. 그 누
가 아이를 사랑하지 않겠는가.

803. 반가

금은과 같은 구슬 같은 보화도 소용 있으리 보물이 좋다 해도
아이들만 할까나

해설802~803_오쿠라의 아이 사랑하는 마음이 잘 표현되어 있는 노래다.

892. 빈궁문답가 한 수와 단가

바람 섞이어 비 내리는 밤에는 비에 섞여서 눈 내리는 밤에는
할 바 모르게 너무 춥기 때문에 딱딱한 소금 집어 혀로 핥으
며 찌끼로 만든 술 찔끔찔끔 마시며 잔기침하며 콧물 훌쩍거
리며 변변치 않은 수염 쓰다듬으며 나보다 나은 다른 사람 없
다며 뽐을 내지만 그래도 춥기에 삼베 이불을 뒤집어쓰고서
소매 없는 옷 있는 대로 다 꺼내 겹쳐 입어도 그래도 추운 밤
을 이런 나보다 가난한 사람들의 양친부모는 춥고 배고프리
처와 자식들 배고프다 울리라 이와 같은 때 어떻게 견디면서
당신 살아가는가 온 세상천지 넓다 말하지만 나를 위해선 좁
기만 한 것일까 해와 달이 밝다고들 하지만 나를 위해선 비치
지 않는 걸까 사람 모두가 그렇게 사는 걸까 특별하게도 사람
으로 태어나 다른 이처럼 나도 일을 하는데 솜도 안 들고 소
매도 없는 옷을 해초와 같이 너울너울 거리는 넝마조각 어깨
에 걸치고 쓰러져가는 다 기운 초막 안에 땅바닥에 짚을 풀어

깔고서 양친부모는 베개머리 쪽으로 처와 자식은 다리 쪽에서 나를 둘러앉아서 탄식해 한숨 지며 부뚜막에는 불 때는 연기 없고 시루 속에는 거미줄 걸려 있고 밥 짓는 일도 이제 잊어버리고 논병아리처럼 울어댈 때에 짧은 물건을 더 짧게 끝자른단 말도 있듯이 채찍을 들고 성난 촌장의 소리 문밖에까지 와서 소리 지르네 이럴 정도로 어찌할 수 없는가 이 세상 사는 길은

해설892_찌끼로 만든 술: 본문에는 조탕주(糟湯酒)라고 되어 있다. 술 찌끼에 뜨거운 물을 부어 술처럼 마시며 추위를 견뎠다.

893.

산다는 것이 근심과 염치없다 생각하지만 도망갈 수 없다네 새처럼 날수 없기에

야마노 우에노 오쿠라 머리 숙여 삼가 바칩니다.

해설892~893_하급관리로 생활이 어려웠을 텐데도, 자신보다 더 어려운 사람들을 생각하는 오쿠라의 마음을 엿볼 수 있다. 그들을 통한 한탄은 결국 자신의 신세 한탄이 되었다.

6권

923. 야마베노 아카히토가 지은 노래 2수 및 단가

　　온 천하 만민 다스리는 주군이 통치하시는 요시노의 궁궐은
　　첩첩이 겹친 푸른 산에 쌓이고 청류 흐르는 강물에 둘러싸인
　　곳 봄이 되면 꽃이 피어 넘치고 가을이 되면 강 안개 일어난
　　다 그 산처럼 점점 더 번성하고 이 강물이 끊임없이 흐르듯
　　궁에 드나드는 오오미야히토는 언제나 지나리라

924. 반가 2수

　　요시노 들녘 기사야마 부근의 작은 가지는 수없이 울어대는
　　새소리가 울리네

925.

칠흑과 같은 밤 점점 깊어 가니 히사기* 자라는 청류 흐르는
강에 온갖 새 울어댄다.

* '히사기'는 정확히 어떤 식물인지 알 수 없다. '개오동나
무' 아니면 '예덕나무'일 것으로 추측한다.

해설923~925_3기의 대표적인 궁정가인인 아카히토의 요시노 찬가
다. 형식적으로는 히토마로의 방법을 이어 받았지만,
내용적으로는 히토마로가 천황가를 찬양하는 내용을
주로 담은 데 비하여 아키히토는 서경적인 요소를 읊음
으로써 조정을 찬양하였다.

994. 야카모치의 초승달을 노래한 와카 한 수

고개를 들어 초승달 바라보니 한 번 보았던 그 임의 가는 눈
썹 생각이 나는구나

8권

1460. 기노 이라쓰메가 야카모치에게 보낸 노래 2수

당신을 위해 내 손 쉬지 못하고 봄 들녘에서 따온 띠 꽃이오 드시고 살찌세요

1461.

낮에 피었다 밤에는 임 그리며 자는 합환목 나만 봐서 좋을까 나누어서 봅시다

위 노래는 합환목과 띠 꽃을 꺾어 보낼 때 지은 것임

해설1460~1461_꽃을 꺾어서 상대방에게 보낸다는 것은 예나 지금이 나 많은 의미가 포함되어 있는데, 여기서는 전반적으

로 진지한 느낌이 없다. 합환목은 낮에는 개화했다가 밤에는 꽃봉오리를 닫는 꽃으로 잔다는 의미를 나타내는 꽃이다. 기노 이라쓰메와 야카모치와의 관계는 가사노 이라쓰메의 경우와 달리 열정이 없는 것 같다.

1462. 야카모치가 응답하여 보낸 와카 2수

내 님을 소인 무척 그리나보오 보내준 띠 꽃 먹고 있는데도 점점 더 말라 가네

1463.

내 님이 보낸 정표의 합환목은 꽃만 피우고 아마도 열매는 맺히지 않으려나

해설1462~1463_위의 기노 이라쓰메의 노래에 대한 야카모치의 답가다. 여기서 합환목이란 자귀나무라고도 하며 노랫말로서는 '함께 자다' 라는 의미를 갖는다. 기노 이라쓰메의 진지함이 없는 증가(贈歌)만큼 야카모치의 답가도 썰렁하다.

10권

1996. 칠석

흐르는 은하 물밑마저 빛나는 배 대어놓고 배에 있던 사람

은 사랑하는 님 만났을까

해설1996_와카에 나타나는 칠석은 중국이나 한국의 그것과 다르다.

위 노래에서는 은하수를 배를 타고 건너가며, 배를 타고

있는 사람은 견우다. 지상에 있는 제3자의 입장으로 지은

와카다.

2015.

내 사랑하는 임 그리워 할 제에 은하수 위를 밤배 저어 건너

는 노 소리 들려오네

해설2015_직녀의 입장에서 지은 노래. 직녀가 견우를 기다리고 있

을 때, 견우가 배를 타고 찾아오는 소리가 들린다.

2033.

흐르는 은하 야스의 강가에서……

이 노래 한 수는 경진년에 지은 것이다. 위는 히토마로가집

을 출전으로 함

해설2033_좌주에 보이는 '경진년'은 히토마로가 작가로서 활동한

시기를 확인하는 데에 아주 중요한 단서가 된다. 이 노래의

3구에서 5구까지는 아직까지 훈(訓)이 정해지지 않았다.

2044.

흐르는 은하 안개 피어오르고 견우가 젓는 노 소리 들려오

네 밤이 깊어 가기에

해설2044_이 노래도 직녀의 입장에서 지은 노래다.

2077.

뱃사공이여 빨리 배를 젓게나 한 해 동안에 두 번 오갈 수

있는 내 님 아니기에

해설2077_와카에서 주목할 것은 뱃사공이 등장한다는 점이다. 중국

의 경우처럼 직녀가 견우를 찾아가는 것이 아니라, 견우

가 직녀를 찾아가고 뱃사공까지 등장한다는 점도 새롭다.

11권

2542.

풋내음 나는 당신의 팔베개를 베고 난 후에 어찌 떨어져 있
으리 당신 싫지 않은데

해설2542_만요슈 당시의 표기형태를 엿볼 수 있는 와카. 마지막 구
에서 '八十一' 부분을 '구구(九九)'라고 읽고 있다. 이로
써 당시에 이미 구구단이 일본에 들어왔다는 하나의 증거
가 되며, 아울러 고대 일본인이 와카의 표기를 위하여 얼
마나 머리를 짜냈는지 알 수 있다.

2592.

당신 그리다 죽은 후엔 그 무슨 소용 있을고 내 살아 있는 동안 만나고 싶어라

해설2592_만요슈뿐만 아니라 와카에서는 죽음에 대해서 직접적으로 '죽다(死ぬ)'라는 단어를 사용하지 않았다. 죽다라는 단어가 쓰인 것은 이 노래처럼 '기다리으로 죽는다', '사랑 때문에 죽을 것 같다'는 식의 사랑의 노래뿐이다.

14권

3366.

임이 그리워 동침하러 나 가네 가마쿠라의 미나세가와에는
물 밀지 않았을까

해설3366_고대 일본의 동북 지방인 아즈마의 민요적인 성격이 강한
노래로, 아즈마우타에는 그들의 생활과 사고가 적나라하
게 드러나 있다. 오늘날의 시각으로 보면 외설스러운 내
용까지도 포함하고 있다.

3371.

아시가라의 산신이 무서워서 흐린 밤처럼 안 보이게 감췄던

내 생각 말해버렸네

해설3371_앞의 노래와 마찬가지로 아즈마우타다. 산길이 무서워서 당신을 사랑하고 있다는 말을 아시가라의 산신에게 말해 버린 것. 생각을 이야기하였다는 것은 사랑하는 이를 산 신에게 바친다는 의미다. 그 정도로 자연에 대한 경외감 을 갖고 있고, 또 자신의 심정을 털어놓고는 고민하는 시 골사람의 순박함이 묻어난다.

16권

3824. 나가노 이미키 오키마로의 노래 8수

자루 냄비에 얘들아 물 끓여라 이치히쓰의 노송다리 건너올

여우한테 끼얹게

해설3824_연회의 자리에서 주변의 사물을 노랫말로 삼아 즉석에서
지은 노래다. 해학적인 요소를 포함하고 있다. 와카집에
서는 하이카이가[俳諧歌]로 분류된다. 이하 제16권의 노래
는 기존의 엄숙함을 중시하는 와카에서는 지양해야 하는
와카로 구분되었다.

3832. 인베노 오비도가 여러 가지 물건을 읊은 노래 한 수

이름은 모름

탱자나무의 가시 잘라 거두어 곳간 만들리 용변 멀리서 보
게나 빗 만드는 아낙아

해설3832_눈앞에 보이는 여러 종류의 사물을 자신의 와카 안에 도
입하여 와카를 완성시킨 것으로 앞의 노래와 같은 종류의
와카다. 작자의 눈앞에 보인 것은 탱자나무, 곳간, 빗 만
드는 여자들이었다. 이를 전부 와카 안에 도입하여 유머
스런 와카를 읊고 있다.

3840. 이케다노 아소미, 오미와노 아소미 오키모리를 비웃
으며 지은 노래 한 수

절마다 있는 여아귀(女餓鬼) 말하기를 오미와라는 남자아귀
얻어서 아이 낳자고 하네

3841. 오미와노 아소미 오키모리의 비웃음에 답하는 노래 한 수

불상 만드는 붉은 흙 모자라면 물 고여 있는 이케다노 아소
미 코 위 파서 쓰게나

해설3840~3841_오키모리가 빼빼마른 이케다를 보고 놀리자, 코가
빨간 오키모리의 약점을 이케다가 비웃고 있다.

17권

3921.

**제비붓꽃을 옷에 물들여서는 대장부들이 차려입고 사냥하는
달이 돌아왔구나**

해설3921_만요 시대의 관인들의 모습을 엿볼 수 있는 노래다. 주로
단오를 전후하여 궁중에서 행해졌던 구스리가리, 다시 말
해 약재 채취행사에 참여하는 관인들의 복장을 엿볼 수
있는 장면이다. 당시에는 염색방법의 하나로, 염색할 대
상에 직접 염료가 되는 풀을 문질러서 물을 들였다.

3972.

참석할 만한 여력 내게 없기에 칩거하면서 자넬 그리워함에
마음 둘 곳 없도다
3월 3일 오토모노 스쿠네 야카모치

해석3972_이하 지금의 도야마(富山)에 부임한 야카모치는 병으로
고생한다. 병에 걸린 그 해 진곡이며 이웃 지역을 관할하
던 이케누시와 서로 와카와 시를 나누었다.

3973. 칠언시 만춘유람(晩春遊覽) 한 수 및 서

모춘의 고운 날은 감상하기에 어울리고
3월 3일의 풍광은 유람하기에 족하다
버드나무 강가에 줄지어 입은 옷을 물들이고
도원은 바다로 통하며 신선의 배 띄우네
구름 문양 새긴 술잔은 맑은 술에 잠기고
깃털 모양 술잔은 술 권하며 구곡을 흘러간다
도연히 취하여서 모든 것 잊어버리고
취한 발걸음에 망설이는 곳 없도다

3월 3일 가절에는 모춘의 아름다움이 있습니다. 복숭아 빛
뺨에 비치어 분홍색으로 물들고, 버들은 이끼 색 머금고서
이끼와 그 푸른 색 겨루고 있군요. 이러한 때에 나는 친구와

손잡고 멀리 강 언덕 바라보며, 술을 구하러 저 멀리 야인의 집을 찾습니다. 이미 거문고와 술을 마음껏 즐기고, 군자와의 교제도 즐기고 있습니다. 아아, 오늘 정녕 아쉬운 것은 현자가 적다는 사실일까요? 문장으로 적지 않으면 오늘 이 마음을 어찌 펼칠 수 있을까 하여 서둘러 졸필로 4운 8구의 시를 적었습니다.

19권

4139. 텐표쇼호 2년 3월 1일 저녁 봄 정원의 복숭아, 오얏 꽃
을 바라보며 지은 노래 2수
봄의 정원에 분홍으로 빛나는 복숭아꽃 빛 밝게 비치는 길
에 나와 서 있는 아가씨

4140.
내 집 뜨락의 오얏꽃 송이일까 떨어지는 건 잔설이 아직까
지 남아있는 것일까

해설4139~4140_야카모치의 대표적인 작품으로 제19권의 권두가다.
750년 야카모치 33세. 도야마 부임 4년째 되는 봄에

지은 작품으로 색채감이 뛰어나다.

4153. 3일 오토모 스쿠네 야카모치의 관사에서 있었던 연회가
　　　중국 사람도 배를 띄워 놓고서 논다는 오늘 재! 여러분 우리
　　　도 화관 쓰고 놀아보세

　　해설4153_궁중에서 있었던 연회 중 신라시대의 포석정에서 있었던
　　　　　연회인 곡수연(曲水宴)의 모습을 보여주는 와카다. 머리에
　　　　　화관을 쓰는 것은 주술적인 의미가 담겨 있다.

4290. 감흥에 따라 지은 노래 2수
　　　봄의 들녘에 안개 펼쳐져 있어 왠지 서글퍼 이 저녁 햇살 속
　　　에 꾀꼬리 울음 우네

4291.
　　　내 집 정원의 조릿대 숲 스치는 바람소리가 은은히 들려오
　　　는 이 적막한 저녁이여

　　해설4290~4291_야카모치의 대표작 중의 하나.

4273. 25일 니이나메사이의 천황이 베푼 연회에서 조칙에
따라 지은 와카 6수

천지 더불어 번영하기 바라며 신곡신전(新穀神殿)을 섬기어
모시는 일 귀하고도 기쁘다
위 한 수 나이니곤 고세 아소미

4274.

하늘로부터 많은 줄 드리워 만대(万代)에까지 다스리기 바라
는 많은 줄 드리웠네
위 한 수 시키부쿄 이시카와 도시타리 아소미

4275.

천지 더불어 오랜 시간 동안을 만대에까지 섬기어 모시리라
흑주 백주 만들어
위 한 수 종3위 후무야노 치누노 마히토

4276.

궁전 뜨락에 눈부시게 빛나는 감귤 꽃 꺾어 머리에 장식하
고 섬기는 대신들 모습
위 한 수 우다이벤 후지와라노 야쓰카 아소미

4277.

소매 흔들며 자! 우리의 정원으로 꾀꼬리가 가지마다 옮기며
떨구는 매화 보러
위 한 수 야마토 지방의 수령 후지와라노 나가테 아손

4278.

산속 그늘에 자란다는 석송을 머리에 쓰고 게다가 매화마저
즐기려 하는 걸까
위 한 수 쇼나곤 오토모 스쿠네 야카모치

해설4273~4278_위 6수는 여러 가인의 노래이지만 연작의 형태를 갖
추고 있다. 음력 11월, 지금의 추수감사절에 해당하
는 신곡제(新穀祭)가 열렸다. 천황이 주재하는 궁중
의 신곡제를 '니나메사이'라고 불렀으며, 의식이
거행된 후에 연회가 열렸다. 위 6수를 통해 당시 궁

중의 상황을 추측할 수 있다. 일반 백성들 사이에서는 그 집안의 어머니나 딸이 제주(祭主) 역할을 담당했다. 민간에서 행해진 신곡제에 대해서는 제14권 아즈마우타에서 그 모습을 찾아볼 수 있다.

20권

4321. 755년 2월 교대하여 쓰쿠시에 파견된 여러 지방의 사
키모리들의 노래

황공 하옵신 명을 받자 옵고서 내일부터는 풀 껴안고 자야

하나 사랑하는 이 없이

위의 노래는 구니노미야쓰코를 담당했던 나가노시모노군

(郡)의 장정 아키모치의 작

4330.

나니와즈서 떠날 채비 갖추어 오늘은 정말 떠나가게 될까나

보는 어머니 없는데

위 한 수 가마쿠라군 가미쓰요보로 마로코노 무라지 오마
로의 작

4322.

내 님이 나를 아주 그리나보다 마시는 물에 닌 얼굴 떠올라
서 잊을 수가 없구나
위의 노래는 서기를 담당한 아라타마 군(郡) 출신의 장정 와
카야마토베노 무마로의 작

4371.

감귤나무 밑 불어 지나는 바람 향내 피어나는 쓰쿠하 산을
어찌 그리워 않으리요

해설4321~4371_이 와카 이하 4수는 사키모리의 노래다. 당시 변방
은 지금의 규슈로 이 곳을 지키던 군인을 사키모리
라 불렀다. 주로 동북 지방에서 차출된 이들은 먼저
오사카 항구에 모여서 배를 타고 규슈로 떠났다. 고
향에 처자식을 두고 온 사키모리들은 향수를 달래
기 위해 많은 노래를 읊었다. 이들이 지은 노래는
당시 이들의 수송을 책임졌던 야카모치에 의해 수

집되고, 야카모치는 그들의 노래 중에서 좋은 것들

만을 선별하였다. 그리고 그 선별된 와카가 제20권

에 수록되었다.

4494.

물새 색 띠는 오리깃털 빛깔의 '아오우마'를 오늘 보는 사람

은 수명 무한하다네

위의 노래는 7일에 있을 연회를 대비하여 야카모치가 미리

이 노래를 지어 놓았다. 그러나 인왕회가 있는 바람에 6일

에 신하들을 불러 술을 내리고 연을 베풀고 녹을 주었기 때

문에 이 노래를 진상하지 못했다.

해설4494_정월 초이레 궁중에서는 아오우마절회(靑馬節會)라고 하

여 궁중에서 기르던 푸른색이 도는 회색얼룩의 말이 행진

하였고, 사람들은 그 모습을 지켜보았다. 말을 구경함으

로써 무병장수 한다고 믿었기 때문이다.

4516. 3년 정월 초하루 이나바 지방의 현청에서 지방 관리

들과 함께한 연회에서 지은 노래 한 수

새로운 해가 처음 시작되는 날 초춘인 오늘 내리는 이 눈처

럼 좋은 일 쌓이거라

위 한 수는 수령인 오토모 스쿠네 야카모치의 작

해설4516_『만요슈』의 마지막 노래다. 배열뿐만 아니라 와카가 지어진 시기로 볼 때도 『만요슈』에서 가장 새로운 노래로, 『만요슈』의 최종 편찬자인 야카모치의 작품이다. 신년에 눈이 내리는 것은, 을 친 해 눈이 쌓이듯이 좋은 일과 경사스러운 일만 쌓이라는 축원의 의미를 담고 있다.

3부

관련서 및 연보

한국어로 출간된 『만요슈』에 관한 책자는 거의 없다. 한두 권 있기는 하나 일반 대중이 읽기에는 무리가 있다. 앞으로는 『만요슈』 관련 서적이 많이 출간되기를 기대하면서, 일본어로 된 입문서 몇 권을 소개한다.

관련서

『만요슈』는 일본에서 가장 오래된 가집으로, 일본에서는 많은 연구 성과물이 제시되었고, 일반 대중들을 위한 책자도 많이 출판되었다. 더불어 많은 독자층이 확보되어 있어서 일반대중을 위한 입문서 및 연구를 위한 안내 책자도 많이 출간되어있다.

그렇지만 우리나라의 경우 일본문학은 아직도 다른 외국문학과 견주어볼 때, 걸음마 수준에 불과하다. 최근에는 많은 근대 소설류가 번역되어 시중에 소개되기도 하지만 운문, 그것도 고대 일본의 운문에 관해서는 아직도 요원하기만 하다. 그런 중에 최근에 일본의 시가문학을 소개하는 책자가 발간되었다. 5명의 전문가가 각 시대별로 분담하여 문학사적인 관점에서 집필한 『일본시가문학사』(태학사, 2004) 가 출간되어 그나마 일본의 와카를 소개할 수 있게 되었다.

『만요슈』에 관한 책자가 한국어로 출간된 것은 거의 없다. 한두 권 만요 관련 서적이 시중에 소개되고 있으나, 대부분 각자의 박사학위논문을 활자화하여 출판한 것으로 일반대중에게는 무리가 되는 면이 없지 않다. 앞으로는 많은 관련 책자가 발간되기를 기대하면서 여기에서는 비록 일본어로 되어 있기는 하지만 일반대중을 위한 입문서의 성격을 띠고 있는 책자를 소개하기로 한다.

문고본 텍스트

전문서적으로 분류할 수 있지만 일반 독자들과 친숙해지기 위한 하나의 시도로 볼 수 있는 책자로 『만요슈』 4516수의 본문과 해석, 그리고 간단한 주를 곁들인 서적이 여러 출판사에서 출간되었다. 그 주요 서적을 소개하면 다음과 같다.

- 이토 하쿠(伊藤博), 『万葉集』, 가도카와문고(角川文庫: 2권)
- 사쿠라이 미쓰루(桜井滿), 『万葉集』, 오분샤 문고(旺文社文庫: 3권)
- 나카니시 스스무(中西進), 『万葉集』, 고단샤문고(講談社文庫: 4권)

입문서 및 해설서

『만요슈』의 노래를 발췌하여 이를 사항별, 가인별 또는 역사적인 사건에 맞추어 알기 쉽게 풀어간 책자다. 전문가를 위한 것이 아니라 일반 대중을 위하여 알기 쉽게 기록하고 있다.

- 『万葉集講座』7권, 有精堂
- 『万葉集を學ぶ』8권, 有斐閣
- 『万葉集物語』, 有斐閣
- 中西進, 『万葉集の世界』, 中公新書
- 久松潛一, 『万葉集入門』, 現代新書
- 土橋寬, 『万葉集開眼』, NHK ブックス
- 北山茂夫, 『万葉の時代』, 岩波新書
- 山本智吉 池田彌三郎, 『万葉百歌』, 中公新書
- 久松潛一, 『万葉秀歌』, 講談社學術文庫

연보〈상대〉

연호	서기	작품 · 문화 · 사회	만요주요작자(향년)
죠메이(舒明)1	629	만요 시대의 시작	
다이카(大化)1	645	다이카개신(改新)	
사이메이(齊明)4	658	아리마(有間)왕자 사건	아리마왕자(19)
사이메이 7	661	백제에 구사 파견	사이메이(68)
덴지(天智)2	663	백촌강에서 나당연합군에 대패	
덴지6	667	오미(近江) 천도	
덴지10	671		덴지천황(46)
고분(弘文)1	672	임신년의 난	오토모왕자(25)
덴무(天武)1	673	덴무 즉위	
아케미도리(朱鳥)1	686	오쓰왕자 사건	덴무(57)/오쓰왕자(24)
지토(持統)8	694	후지와라궁(藤原宮)으로 천도	
다이호(大宝)1	701	다이호율령(大宝律令)제정	오쿠공주(41)
와도(和銅)3	710	헤이죠쿄(平城京:奈良)로 천도	히토마로 이전
와도(和銅)5	712	고지키(오노 야스마로) 편찬	
요로(養老)4	720	니혼쇼키(도네리 왕자 외)	
진키(神龜)6	729	나가야노 오키미(長屋王) 사건	
덴표(天平)3	731		오토모다비토(67)
덴표(天平)5	733		오쿠라(74?) 무렵
덴표(天平)8	736		아카히토 이후
덴표(天平)12	740	후지와라 히로쓰구의 반란	
덴표쇼호(天平勝宝)4	752	동대사 대불 완성(大佛開眼)	
덴표쇼호(天平勝宝)7	755	사키모리의 노래(현존하는 대부분)	
덴표쇼호(天平勝宝)9	757		모로에(74)
덴표호지(天平宝字)9	759	『만요슈』 중 마지막 노래	

만요슈

고대 일본을 읽는 백과사전

초판 인쇄 ㅣ 2005년 5월 12일
초판 발행 ㅣ 2005년 5월 23일

지은이 ㅣ 구정호
펴낸이 ㅣ 심만수
펴낸곳 ㅣ (주)살림출판사
출판등록 ㅣ 1989년 11월 1일 제9-210호

주소 ㅣ 110-847 서울시 종로구 평창동 358-1
전화 ㅣ 02)379-4925~6
팩스 ㅣ 02)379-4724
e-mail ㅣ salleem@chollian.net
홈페이지 ㅣ http://www.sallimbooks.com

기획위원 ㅣ 강영안 · 정재서
책임편집 ㅣ 배주영 · 소래섭
본문교정 ㅣ 오세연 · 이영란

값 8,900원